体育文化传承与发展研究

王蓓蓓　杜　宾　蔡利敏 ◎ 著

吉林出版集团股份有限公司

图书在版编目（CIP）数据

体育文化传承与发展研究 / 王蓓蓓, 杜宾, 蔡利敏
著. — 长春：吉林出版集团股份有限公司, 2024.6
ISBN 978-7-5731-5098-1

Ⅰ. ①体… Ⅱ. ①王… ②杜… ③蔡… Ⅲ. ①体育文
化—研究 Ⅳ. ①G80-054

中国国家版本馆 CIP 数据核字（2024）第 110319 号

体育文化传承与发展研究

TIYU WENHUA CHUANCHENG YU FAZHAN YANJIU

著　　者　王蓓蓓　杜　宾　蔡利敏

责任编辑　张继玲

封面设计　林　吉

开　　本　710mm×1000mm　　1/16

字　　数　170 千

印　　张　14.5

版　　次　2024 年 6 月第 1 版

印　　次　2024 年 6 月第 1 次印刷

出版发行　吉林出版集团股份有限公司

电　　话　总编办：010-63109269

　　　　　发行部：010-63109269

印　　刷　廊坊市广阳区九洲印刷厂

ISBN 978-7-5731-5098-1　　　　　　　　　　　定价：78.00 元

前　言

体育作为一种文化现象，既承载着人类对身体的关注，又在丰富多彩的体育形式中蕴含着深厚的文化内涵。体育教育作为培养健康、全面发展个体的重要途径，不仅关系到青少年的身体素质培养，更关系到对传统体育文化的传承与发展。在全球化的时代，文化的多元交流与碰撞使得传统体育文化面临着新的挑战与机遇。我们将聚焦于体育教育的实践与理论，以及传统体育文化在现代社会中的传承和发展问题，力图为推动我国体育事业的可持续发展贡献力量。

本书从体育与文化入手，介绍了体育文化理论、校园体育文化以及民族传统体育文化，然后详细地分析了我国高校体育文化教育、高校体育文化育人功能以及体育运动在高校教育中的作用，接着深入探讨了高校体育健身文化建设、高校体育竞技文化建设、高校体育教学中的传统体育项目以及高校校园体育文化建设的延伸与拓展。

在著作本书的过程中，作者查阅了大量的文献资料，在此对相关文献资料的作者表示真诚的感谢。另外，由于笔者时间和精力有限，书中难免存在不妥之处，敬请广大读者和各位同行予以批评指正。

王蓓蓓　杜宾　蔡利敏

2024 年 1 月

目　录

第一章　体育文化理论

体育是人的对象化的活动，体育文化作为人类身体文化的组成部分，是促进人的全面发展的重要媒介。健全的社会发展，必须立足于个人与社会的统一基础之上。从这个意义上讲，社会现代化的核心是人与文化的现代化，是和经济发展相适应的人的文化心理结构的全面更新。发展体育文化的意义在于通过体育文化的影响力促进人的自身全面现代化。因此，体育文化研究首先需要考虑的问题是体育文化的发展是否有利于推动社会的文明进步，是否有利于形成一种较为完善的社会，是否有利于造就出一种理想人格。

随着社会进程的推进，人的文化意识和体育文化价值都在逐渐增强，人对体育活动的文化诉求决定着体育文化在新的社会条件下的生长点。因此，体育对人的现代化的重要意义体现在，通过体育文化对人的文化转型的促进作用来促进人与社会的全面、和谐发展。

第一节　体育文化的概述

一、体育文化的概念

（一）体育文化是关于人类体育运动的物质、制度、精神文化的总和

体育文化大体包括体育认识、体育情感、体育价值、体育理想、体育道德、体育制度和体育的物质条件等。体育的技术方法属于体育认识的范畴，它是人类认识过程的一种特殊形式。

体育文化这个概念，不同于传统的体育理论、体育概论给体育运动所做的定义。它的意义在于，一是把体育运动当作一种文化现象看待和研究。二是考察体育运动的文化背景，观察体育运动与文化的关系。三是考察体育运动的文化意义，确定体育在人类文化大系统中的地位。四是研究如何自觉地塑造具有独立形态价值的体育文化等。

"体育文化是一种健康文化"已经成为体育界内外不少人的共识。但是体育的一般和特殊健康文化特征有哪些，这些问题却不是所有"体育文化概论"能够解决的。

（二）体育文化既是一种社会现象，又是一种历史现象，表现出十分复杂的特征

体育作为健康文化的一种，同样具有人类文化的共性特征。从某种意义上来说，体育文化是社会互动的产品。人的行为在某种程度以内是文化行为，个人的习惯模式是适应型的，在这个范围以内，人的行为就是健康文化行为。这种既成的习惯模式是文化不可分割的一部分，个人是生长在健康文化里的。

要对体育文化有深刻全面的认识。体育文化是人类社会发展的产物，任何体育文化都不能脱离社会和社会化的人而独立存在。反过来说，社会和社会化的人也不能脱离文化而独立存在，人创造了体育文化，创造了社会，体育文化又在时刻改造着人，改造着社会，使人和社会不断向前发展。这里所说的是广义的体育文化。广义的体育文化是指人类在一切历史社会实践中所创造的物质财富和精神财富的总和。从这个意义上来说，人类社会的一切都是体育文化的，一个国家，一个地区，一个城市，一个社区，只有健康文化是发达的、健康的，其经济和社会才是发达的、健康的。抓体育文化建设的意义也就在于此。狭义上的体育文化是指建立在一定物质基础上的精神财富。也就是指我们平时所说的体育文化工作的内容，包括宣传、教育、文化、体育、卫生、服务等许多内容，甚至还包括经济，文化经济，即文化产业等内容。体育文化的内涵越多，其经济价值，即体育文化附加值也就越多。

　　体育文化是社会构成的重要参数，它和社会是紧密联系在一起的。随着现代健康体育文化的发展，作为其中一个重要组成部分的体育文化的研究，越来越引起广大学者的重视。众所周知，生物在适应生存环境的同时必须满足自身的需要。人类同样也不例外，有所区别的是人类不仅仅依靠遗传本能来满足自身生命的需要，还要依靠后天学习来满足更高的、不同层次的需要。人类为了生存，必须学习。为了取得食物，要学会栽培植物和畜牧的方法；为了御敌防身，还要学会制造武器和使用武器；为了维护共同的社会秩序，必须学习道德规范；为了了解自然规律和剖析社会现象，就必须学习自然科学和社会科学；为了充实和丰富科学，就要学习音乐、舞蹈、美术，以及体育等。这是人类了解和学习历史传统并不断创造的过程，有一种观点认为：根据需要和人类的生活方式的不同，可以把整个体育文化分成两个部分，即为维持生存需要与自然界作斗争而获得的物质文化，为维护共同的生活秩序、探寻人生的价值而形成的观念文化。这两种文化互相联系，共同构成了支配人类生活的体育文化体系。

（三）体育文化显然是研究体育与文化之间的关系

　　这个问题得到了广泛的关注。有学者从军事与体育、政治与体育、经济与体育、宗教与体育等角度论述了人类体育文化现象，取得了很大的成就，作出了重要贡献。但我们认为，在对体育文化的原始形态，特别是在对体育文化概念的准确把握上还有待进一步研究。

体育文化是一个很广泛的范畴，它并不是仅局限于人们对健身运动技能的认识和掌握，而是一种体育思想理论体系、制度体系和对人类体育文化发展可以发生作用的影响力，是一种在文化层面上对新的生存方式的理解和把握。

体育文化只是社会整体文化中的一个组成部分，因而常常被人们忽略。过去，人们通常把体育与文化看成风马牛不相及的两回事，把体育排除在艺术和科学之外。近年来，专家学者们从诸多方面论述了体育属于健康文化范畴。正如体育文化的广义概念那样，当把客观体育价值的日常生活过程也理解为文化的组成部分以后，体育的内容已经有了新的扩展。把体育作为一种文化现象来加以认识，于是就产生了综合全部体育活动的新概念——"体育文化"。体育文化一词，最初直接译为"身体文化"（Physical Culture）。体育文化是整个人类文化的组成部分，也是社会文化的亚文化，它是通过各种体育现象与关系的研究，揭示出体育意识的形成、变化以及对体育发展作用的学科。因此，就概念的种属关系而言，健康文化和社会文化是一个上位概念，体育文化是从属于它们的一个下位概念。从文化学的角度来看，健康的体育文化是整个人类文化系统中一个子系统（或称分支）。尽管体育一经产生，就具有相对独立的范畴和自身的变化规律，但它仍然是整个人类文化的缩影。

体育在宏观上属于健康文化范畴。一个国家的综合的体育水平，能反映一个国家的文明程度和文化水平。体育文化是关于人类体育运动的物质、制度、精神文化的总和。其内容包括体育认知、体育情感、体育价值、体育理想、体育道德、体育制度和体育的物质条件等。

有不少人认为，激烈的身体运动或带有娱乐性的体育运动与强调知识性、民族性、精神性和神圣性的文化完全不同。我们认为，这种观点是失之偏颇的。在为了占有金钱财富而克制欲望的中世纪社会，受到精神高尚、身体低劣这种健康文化价值观的影响，人们往往认为追求肉体的欲望是人类堕落和犯罪的根源，不少人认为娱乐等同于懒惰、丧志。基于这种观念，体育理所当然地被纳入了娱乐一类，自然也就不能进入神圣的健康文化领域之中。随着社会生产力的飞速发展，人们的各种欲望不断得到满足，社会不断向文明时代的进步，人们对体育文化的研究也由肤浅逐渐深化，取而代之的是体育运动是人类高尚行为之一的全新概念。

体育运动是由跑、跳、投等多个单个动作构成的。应该说这是人类生来就有的本能。但是，这些本能的动作也是通过学习获得的，这一点可以从婴儿的蹒跚学步中得到验证。至于稍微复杂的动作，就更离不开学习过程了。体育运动项目，就是人们在这些练习过程中不断得到传递、精选、提炼、综合，从而形成了特定的动作样式，建立了与之相适应的规则。总之，体育不是单纯的身体活动，而是具有一定意义和价值，并且必须遵守共同秩序的特殊运动。由此看来，人们学习体育动作，并在对身体活动赋予价值和意义的同时，逐步建立起了维护秩序的支配体系，这就是把一般活动与体育运动相区别的依据。这种具有健康文化特征和价值，并且必须遵守共同秩序的活动，就是体育运动。

综上所述，对体育文化具体内容的理解，也就变得非常容易了。对体育的意义、价值、秩序、学习和传播等内容为什么能够成为历史的遗产而流传于世的认识也就加深了，这使人们更清楚地看到：正是这些内容的积累使体育文化成为一个独立的体系。

二、体育文化的表现形式

从体育的不同活动主体、不同活动方式、不同活动目标来分析，体育文化表现为：学校体育文化、竞技体育文化和社会体育文化。学校体育文化是以培养学生的体育意识、体育精神和体育技能为主要形式，以增进学生身心健康和提高学生的体育素养为主要目标的文化过程，它主要是作为文化教育的一部分而存在的；竞技体育文化是人类在追求生命价值过程中不断验证自身极限的一种文化过程；社会体育文化是以大众参与为主要特征，以健身健美为主要目的的社会文化生活过程，它是社区文化最重要的内容之一。

从体育发展演进的历史过程来看，体育文化表现为古代体育文化、近代体育文化和现代体育文化三大类。古代体育文化的宗教性、民族性、地域性、自发性和工具性较强，而其商业性和自觉性较弱。近代体育文化以学校体育文化的崛起为主要特征，其宗教性基本消失，民族性、地域性弱化，商业性和自觉性都明显增强。现代体育文化具有鲜明的国际性、产业化和人性化特点，内容更加全面，形式日益丰富，影响不断扩大，它已是现代人生活方式的重要组成部分。

从体育的空间分布来看，体育文化既可以从宏观方面表现为东方体育文化和西方体育文化两大类，也可以从中观方面将中国体育文化表现为：中东部体育文化和西部体育文化，体育文化还可以从微观方面表现为企业体育文化、社区体育文化、军营体育文化、校园体育文化和村镇体育文化等。区域性文化的交融与发展已成为现代人体育文化和生活的主旋律。

体育文化从内在品质上表现为体育观念、体育思想、体育理论、体育科学、体育精神、体育艺术、体育道德、体育法规和体育风尚等方面。体育观念是在三大体育实践活动中形成的一般的体育意识，它对人们的体育活动有一定的影响和制约；体育思想是体育观念的进一步升华，是指导人们从事体育活动的高级的体育意识，比体育观念更加全面、系统；体育理论是体育实践经验的科学总结，是理论化、系统化的体育观念和揭示体育本质和规律的体育思想，在这个意义上也有人把体育理论称为体育哲学；体育科学是侧重于技术上研究体育现象之间内在的、本质的、必然的联系的科学，它与体育理论的区别在于它是技术科学，而体育理论是理论科学；体育精神是人们在长期的体育实践活动过程中形成的一种内涵厚重、指向明确、易于体验、认同率高的人类精神，是一种顽强拼搏、公平竞争、团队协作、超越自我的精神。现代奥林匹克之父顾拜旦曾明确提出"奥林匹克精神首先是一个文化概念"，这是关于体育精神的文化性质的权威论断；体育艺术是体育、艺术高度完美的结合，是在体育活动过程中展现出来的人有意无意之中创造的独特的美；体育道德是体育活动过程中规范人与人之间关系的行为准则和主体意识；体育法规是保证体育活动有序进行的强制手段，正是由于这种内在自觉和外在约束的统一才使体育活动能够按照一定的程序和习惯顺利开展；体育风尚是由于学校体育的有意识教育和竞技体育的有效引导，而在大众体育中表现出来的人们从事体育活动的阶段性、区域性重点倾向和特别嗜好。

从体育活动所依附的文化载体上来看，体育文化表现为体育场馆文化、体育用品文化和体育影视文化等方面。体育场馆文化是由体育建筑艺术、体育竞赛的氛围和现场媒体宣传（包括广告艺术）等内容构成的综合文化。体育场馆文化建设是体育文化硬件建设与软件开发的最佳结合点；体育用品文化主要包括体育器材文化、体育服饰文化、体育证照文化和体育纪念品文化，这是现代体育文化繁荣的一个十分重要的方面，也是体育文化产业化的最具前景的增长点；体育影视文化是现代影视文化非常重要的内容之一，它不仅是指那些以反映体育题材为主要内容的影视作品，而且也包括体育现场直播、现场采访和现场评论。体育影视文化的崛起为体育文化的发展提供了最有效的手段。

三、体育文化的特性

（一）民族性

人类文化的存在和发展，不仅有共性的一面，也有极其丰富性的一面，甚至有很强的个性的一面。这种人类文化的差异性，就是民族性的表现。不同地域的人类，创造了不同类型、不同形态的文化，又塑造了具有不同文化特征的群体。任何形式的民族文化，都与本民族的形成、延续和发展密切相关，与本民族的地理环境、风土人情、经济条件、生产水平乃至和社会结构相适应。

（二）时代性

时代在不断地演化和发展，不同的历史时期有着不同的生产方式。人们总是生活在一个特定的环境中，这个生活环境对人类来说，产生了重大的影响。人们在生活实践中所创造的文化，也都离不开这个环境的影响。因此，文化也具有特定的性质、特定的内容和特定的形态，表现出鲜明的时代性。

（三）社会性

文化的社会性，也称文化的群众性。这是因为任何文化都离不开大众，更离不开社会。如果人离开了文化，就不能成为真正的人，同样，社会离开了文化就会变成一个愚昧的社会。因此，人、文化和社会三者之间形成了相互关联、相互作用的复合体。

（四）差异性

文化的差异性既表现在一个地区、一个民族的行为习惯上，也表现在价值标准和价值观念上。例如，东方体育文化重礼节、重自身完善，要求个人身心平衡，表现了人的内在品质和言行相一致的东方色彩。而西方体育文化则表现出竞争、激进冒险的风格，西方人常把身体健美的人视为崇拜偶像，表现出人的外在行为和言行开诚布公的西方特色。

（五）继承性

文化的继承性，也可称为传统性。在养生学的发展中，东方人原先主张以静养生，后来有人主张以动养生，再后来主张动静结合。这是人们对体育文化延续和不断深化认识的过程。例如，中国传统体育文化以前注重于修身养性，后来泛化为强身健体，直到今天的自娱与休闲文化。中国传统体育文化中舞龙、舞狮、气功、武术等已经成为风靡全球的运动项目。

四、体育文化的基本内容

（一）体育哲学和体育科学

体育哲学是体育特有的训练、比赛活动、处理人际关系等全部工作行为的方法论原则。它是体育文化的思想基础，是体育进行总体设计、总体信息选择的综合方法，是体育一切行为的逻辑起点。从方法论上看，体育哲学直接指导着教练员、运动员和一切工作人员的思想行为。这种导向作用从两种基本形式中表现出来：一是直接作为观念文化，即体育人员头脑承载的思想方法来指导人的行为；二是通过体育道德、各种制度和规范来间接地发挥作用。体育哲学作为体育全部工作、全部行为的方法论原则，体现了体育文化鲜明的个性特点。它使竞争日益激烈的体育行为时刻面临着选择，寻找着新的训练方法和契机，辩证地分析和对待一切有利因素和不利因素，正确地评价自己的水平和面临的形势。体育经济学、体育心理学、体育美学和各科的训练学都从体育的某一角度论证了体育文化的特征和内涵，说明了体育文化的多极化和广泛性。

（二）体育道德

体育道德是体育在训练和比赛中用以处理内部关系以及体育与公众关系的行为准则。它是围绕体育的全部活动和工作生成、发展起来的，是体育价值观的具体化和道德表现。体育道德虽然不具有法律那样的强制力、约束力，但它有着较为广泛的适应面和较大的作用场。首先，体育道德起着联结个人道德和社会道德的中介作用。个人道德是个体行为的产物，是个体生活经历和社会经济地位在个人语言表达、态度和处理标准的反映；社会道德是社会生活的抽象，全部社会人是社会道德的主体。体育道德是教练员、运动员和体育员工的个人道德在体育领域内的表现。其次，体育道德的培养和弘扬，有利于体育效应的传播和发展，也有利于体育地位的确定和提高。由于体育是以竞争为特点、以获得名次为目标的行业，因此体育道德还具有较强的感染力和号召力，特别是对青少年共产主义道德的形成有着不可估量的推动力。最后，体育道德的培养和形成，有利于激发体育从业人员的主人翁意识和社会责任感，克服个人名利与社会责任相背离的现象，保证在获得最好成绩的同时，把集体荣誉、国家尊严、社会奉献放在主导位置。

（三）体育价值观

体育价值观是体育从业人员和所有关心和爱好体育的人员对体育活动的意义或重要性的总评价、总看法。它是体育从业人员的价值取向，是从业人员价值观念在训练比赛中的沉淀，是体育一切工作的基本价值观念和价值依据。体育价值观有以下特点：首先，体育活动中的各种价值观念、价值追求、价值标准都同争取冠军和名次相联系，都以训练、比赛活动为依托。没有不想当冠军的运动员，也没有不想创造好成绩的运动队。当冠军和创造好成绩是体现价值观的最高追求。其次，体育价值观最具有竞争性。体育活动本身时刻都处在竞争之中，这也就决定了体育价值观的形成、强化和发展必然同竞争机制相联系，同优胜劣汰、强者生存相吻合。再次，体育价值观具有认同的精确性。体育价值取向必须能提高运动员和运动队的成绩，提高运动水平，获得好名次。因此，体育价值观的认同具有精确的统计数据和可靠的实地测量，这种认同是可信的、可测的，是有科学依据的。最后，体育价值观具有机制整合性。从其功能、作用机制上来看，体育价值观是多元整合而构成的复合价值系统，从总体上看，它不仅仅是体育训练和比赛活动，而且具有导向、规范、促进、号召和凝聚等功能。人们参与体育训练或比赛，或者观看体育比赛或表演，不只是为了满足一种体育享受，而是包含了多种价值追求，如伦理道德追求、社会效应和社会奉献追求、追星愿望的实现等。

（四）体育精神

体育精神是体育基于自身特定的性质、任务、宗旨和时代发展要求，为争取最佳成绩而培育出来的竞争意识和群体精神。它是体育从业人员健康向上、永不言败心态的外化，是教练员、运动员和体育爱好者对体育的信任感、自豪感和荣誉感的集中表现。体育精神有以下特点：首先，体育精神具有超时空性，它是体育发展到一定时期、一定程度，通过对体育的全部观念、意识、行为规范和比赛特点等进行鉴别、提炼、总结和倡导而产生的。它不是某一个运动队或教练员所能培育出来的，而是全世界所有优秀运动队和全体教练员及运动员共同创造和培育、超越时空局限、为所有体育运动所共同的精神。其次，体育精神具有培育上的自觉性。体育精神是在长期的训练和比赛中有意识地提出和精心培育出来的一种群体意识，这是体育精神极为突出的特点。最后，体育精神具有功用上的正向性。体育精神是一种正向的、健康的、向上的、积极的群众精神力量和心理素质。因此，它具有正向选择、正向调控等特点，以及极强的感染力和号召力。

（五）体育法规和体育制度

体育法规和体育制度是体育在长期的训练、比赛过程中生成和发展起来的一种文化现象。它是体育为实现训练和比赛需要而要求全体教练员和运动员共同遵守的各种规章制度、行为准则和行为规范。它是使体育进行正常的训练和比赛的必要前提条件。没有严格的体育规则和制度，整个体育活动就无从谈起。同时，体育法规和体育制度又是调节体育内部人际关系的基本准则，在规则和制度面前，任何人，无论资格多老，有多么光荣的成绩，都是一律平等的。

（六）体育目标

体育目标是体育活动的一种观念形态文化，它是体育文化的实用性表现。任何体育活动、体育训练、体育比赛都需要事先确定一个目标，如以强身健体为目标的群众体育活动；以艺术、健美、享乐为目标的健美体育；以夺取名次为目标的竞技体育等。体育目标作为体育活动战略的一个参项，它反映着体育从现时起至未来某个时期的大致战略走向和主要预期成效。它一旦由管理者或参加活动者制定出来，便成为人们心目中的共同目标，并促使人们相互配合、协调，从而形成人际关系的向心力和推动力。体育目标还给人以鼓舞和信心。当人们在体育活动中遇到困难和阻碍时，目标会激发人们产生克服困难的勇气；当行动一步一步接近目标时，它又给人以鼓舞；当目标实现后，又会给人以满足感、荣誉感和自信心，推动人们向新的目标前进和奋斗。

五、体育文化的构成

体育文化是一个具有特定结构的复合整体，从不同的角度，可以对体育文化的构成作不同的分析。

根据体育文化所包括的内容的性质，可以将体育文化划分为以下三层结构。

1. 外层

即物质层。是经过人类作用的第二自然物，是在自然物上打上的人类意志和活动的印记。它所反映的是人类认识和改造自然的能力、技术水平，如将一个小土丘改造成越野跑的障碍。

2. 中间层

即心物结合层。是指人类的精神产品，是人类精神产品的非物质形式的对象化。它们离不开一定的物质载体，如体育组织、体育制度、体育理论等。有人将这一层次的文化称为制度文化。

3. 里层

即心理层。包括人的体育的价值观、心理状态、思维方式、审美情趣、道德情操、宗教情绪、民族精神等，有的学者将这一层文化称为"深层文化"，它们是文化研究所关注的最主要的内容。

根据体育文化所包括的内容的复杂程度和范围的大小，可以将体育文化划分成如下三层结构：

1. 体育文化特质

是指一种体育文化区别于其他文化的最小单元，如中国人的刀、剑、空竹等。体育文化的差异是通过文化特质体现出来的。

2. 体育文化结丛（文化丛）

是指若干功能上相互整合的体育文化特质群。因为文化特质往往并不是孤立存在的，它与其他的特质有密切的联系。在人类历史上，一种文化特质产生出来以后，伴之而来会产生许多相关的文化特质。例如，日本民族最初有了相扑，随着相扑文化的出现，就出现了一组以相扑运动为基础的包括了许多相扑文化特质的文化丛。如相扑场地、相扑服装、相扑头饰、相扑动作等。又如，各个民族的体育活动的比赛方式，也都是由多种文化特质组合而成的文化结丛。

3. 体育文化模式

是指互有关联的体育文化特质和体育文化结丛的构成方式及其稳定特征。它构成了某个民族或地区的特定的体育活动方式的基础，可以指一个国家或民族的文化模式，如日本体育文化、中国传统体育文化等。也可以指一种具有独特特征的地域性文化，如我国的蒙古族地区体育文化。还可以指一种更大范围的跨民族地域体育文化，如西方体育文化、东方体育文化等。

每一个民族都有自己独特的体育文化，这种文化犹如一个人的思想和行为模式，具有某种一致性。

第二节　体育文化历史发展

中国古代体育文化是由原始人类的生产实践活动中的肢体技能孕育发展而来的，经过积累提高而初具雏形。到了战国时期，逐步将体育活动理性化、概念化、社会化，使体育成为一种社会文化现象。秦汉时期，国家的统一、新历法的制定、治国思想的确立，使古代中国体育文化定格于儒家思想的框架之内。从此，中国体育文化与审美概论化就按照这种框架发展起来，鸦片战争以后，西方体育文化传入中国，结束了中国古代体育一统天下的局面。

一、中国古代体育文化的发展历程

中国古代体育文化是指从原始人开始直立行走到鸦片战争以前的漫长历史时期中，中华民族通过体育实践活动所反映出的精神风貌、心理状态、思维方式、理论基础、价值取向等物质及精神上的总和。在中华民族的发展过程中，一切属于体育范畴并对中国古代体育文化的发展产生重大作用和影响的考古发现、历史事件、英雄人物、军事科技、民俗活动、养生保健、教育宗教、文学作品、哲学思想都是组成中国古代体育文化的内容。

（一）原始社会时期中国古代体育的产生

中国是世界四大文明古国之一。早在 100 多万年以前，当人类的社会活动还只能勉强区分为求食（采集、渔猎）和攻防（对野兽和其他人群的进攻和防卫）时，就发展了走、跑、跳、投、浮水等基本的技能。特别是弓箭的发明，对当时社会生产力的发展，产生了重大的影响。那时，体育作为一种社会现象开始以教育或雏形娱乐的面孔登上了人类历史的大舞台，社会也从此开始有了萌芽状态的体育。据考古发现，我国考古工作者在河姆渡文化遗址中发现了一艘 8000 年以前的独木船，证明先民们已经掌握了渡江航海技术。大汶口新石器文化遗址出土了一件带有镂雕太极图的象牙梳子，证明中华民族当时已具备了原始保健知识。而出土的石陀螺、陶陀螺和半坡遗址中的一个女孩墓葬中出土的打制精细、形体浑圆的小石球，表明当时先民们在有了娱乐活动的同时，还制造出了专用玩具。古籍也记载了一些对原始体育活动和游戏的推测。例如，《事物纪原》中的"燧人以匏济水"；《帝王世纪》中尧时期出现"息壤"；《世本》中的"尧造围棋"；《别录》中的黄帝发明"蹴鞠"、"角抵"等。《路史》等古籍中则记载歌颂和祭祀伏羲、神农、女娲、黄帝、尧、舜、禹的乐舞。"干戚舞"开创了战争舞蹈的先河。《吕氏春秋》中"昔陶唐氏之始……民气郁阏而滞著，筋骨瑟缩不达，故作为舞以宣导之"的记载；青海大通马家窑文化遗址出土了绘有不同性别的连臂踏歌彩陶盆等，证明此时的舞蹈已不再是生理本能的需求，而是经过理性的艺术升华，成为先民表达祭祀、祈福、求偶、生育、健身等含义的一种群体活动，是先民们精神上、心理上和思想意识上产生高层次追求的表现。尽管这些活动仍未脱离原始蛮荒时代的烙印，但中华民族原始先民已显现出热爱生命、娱乐自身、展示技能、爱护身体的意识。

（二）奴隶社会时期中国古代体育文化的成长

在中国夏、商、周、春秋时期，历时 1600 年的奴隶社会中，由于奴隶主阶级统治的需要和频繁的战争，刺激了军事武艺的发展和对军队士兵身体训练的重视。如孙武不朽的军事经典《孙子兵法》，其中就有不少有关身体技能和训练的内容。孔子除在他兴办的私学中进行六艺教育，还主张让学生去郊游和游水。他本身也爱好射箭、打猎、钓鱼和登山等体育活动，并注意卫生保健，保持身体强健。专家根据甲骨文中的"文"字判断，我国商代就有了足球活动。"多射""百射"等词汇说明当时已有专门负责训练、管理弓箭手的武将。"后羿射日""夸父逐日"等传说和描述记载中国古代体育的词汇格言、诗词歌赋、成语典故、文学作品都是中国古代体育文化的重要形式。国家使军队专业化，演绎出了中国数千年的古代军事史。西周的"田猎""讲武"形式，成为我国古代军事训练的主要手段。

春秋战国 500 余年历史的突出表现是战争频繁。这一时期的战争从性质上看大致可以分为四种：①华夏民族抵抗西北戎狄入侵的战争。②奴隶起义战争。③新兴地主阶级与奴隶主贵族的战争。④诸侯兼并争霸的战争。据史料记载，春秋初期在华夏大地上有 140 多个国家，经过 200 余年的兼并战争，所谓"周初八百国"到春秋末年只剩下 40 余国；至战国时形成秦、楚、齐、燕、韩、赵、魏七雄对峙的局面。直到秦灭六国，才形成了统一的封建帝国。

由于战争的需要，各诸侯国都大力提倡练武习兵，兵种已有步兵、骑兵、水师等多种类型；武器形成了弓、弩、刀、剑、戈、矛等的庞大家族。奖励军功等政策使得射御、游泳、角力、蹴鞠等军事技艺与军事体育项目不断增加。战国时期的青铜器纹饰对这些情况都有所表现。对射技、弩法、剑术和其他兵器技法的理论总结以及"侠客""击剑"之风促进了中国武术的形成。结合人们已经掌握了箭矢重心位置对其飞行速度、状态的影响等知识，以及天下闻名的越王剑、吴王剑，表明当时中国军事科技在世界上已处于领先地位。而养由基、孙子、先轸等一批技艺超群的名臣武将和军事家们的军事谋略、战争范例和军事著作，成为世界军事思想的宝贵财富。"胡服骑射"是中国历史上为适应骑射而改变服制的少有事例。

整个春秋战国时期，由于列国都大力发展军事力量，致使习武练兵成为风气，不仅操练了军事技术，而且使一些有助于提高军事技能的体育活动得到了发展。经过加工，原始时期的祭祀舞蹈在西周时形成经典系列。在这些舞蹈中，健身的内涵得到进一步的艺术升华和张扬，逐渐形成民俗活动。春秋战国时期，各国的民间游戏与竞技活动已成为日常娱乐手段。《史记·苏秦列传》记载了齐国的临淄之民"无不斗鸡、走狗、六博、塌鞠……"；《礼记·杂记下》记录了子贡在观"蜡"以后对跳蜡舞时万人沸腾的热闹场面发出"一国之人皆若狂"的感慨；《列子》中记载了宋国有人能踩着高跷舞弄七支剑的绝技。战国时期形成了带有社会化性质的群体活动，如春游、钓鱼、斗鸡、斗牛、走狗、赛马、高跷、象棋、六博、牵钩（拔河）、摔跤、赛龙舟、打秋千、放风筝以及男女无拘无束地参加市井舞会等许多中华民族所特有的带有祭祀、生育、教育、益智、娱乐、社交、军事内涵的体育娱乐活动。《诗经·竹竿》中"淇水悠悠，桧楫松舟。驾言出游，以写我忧"说明在3000年以前中华民族已经掌握了利用体育活动排解、消除心里烦恼和忧愁的意识。《诗经》是研究中国古代体育文化最宝贵的资料之一。

战国末年，由吕不韦主编的《吕氏春秋·适音》中记载了古代乐舞的起源："昔陶唐氏之始，阴多滞伏而湛积，水道壅塞，不行其原，民气郁阕而滞著，筋骨瑟缩不达，故作为舞以宣导之。"活动手足的舞蹈可以强身健体，还可以治疗筋骨萎缩的疾病。《诗经》中更有如"南山之寿""万寿无疆"等颂词。为追求长寿，人们注意饮食起居而且还总结出诸如《老子》中的"见素抱朴，少思寡欲"；《庄子》中的"吹呴呼吸，吐故纳新，熊经鸟伸"；《礼记·乐记》中的"屈伸俯仰，缀兆舒疾……"；以及"重积德""专气""抱一""心斋""坐忘""导引""阴阳"等独具中国特色的强调人与自然协调统一的养生学理论观点和方法。

《黄帝内经·异法方宜论篇》中则把这种乐舞称之为导引："中央者，其地平以湿，天地所以生万物也众，其民食杂而不劳，故其病多痿厥寒热，其治宜导引按蹻。"导引就是古代的身体操练，也被叫作乐舞。乐舞或者导引，在原始社会时期，人们已经认识到它具有治疗疾病，强身健体的功效了。据《孟子·滕文公上》载"设为庠、序、学、校以教之"，其中"序者射也"，西周对"射""御""舞"等与体育有关的活动提出了"中礼"要求。"礼射"成为天子考查、恩宠官员的手段，这种形式一直持续到唐宋时期。此时的体育教育在文武兼备的教育体系中不但占有重要的地位而且还特别注意从儿童抓起。

《礼记·射义》中就说："故射者，进退周还必中礼。内志正，外体直，然后持弓矢审固。持弓矢审固，然后可以言中。"内心端正，身体站直，才能够平心静气地去瞄准，才有可能射中靶子；竞技是身体能力的竞赛，更是心理素质的竞赛，心理素质培养更重于身体能力的锻炼。古代射箭教师飞卫在教弟子学习射箭时，先教静心，心理素质要稳定，躺在织布机下看织布机的梭子来回穿过，待到眼睛看梭子穿过而不眨动时，再练习瞄准射箭，就可以百发百中了。驭车教师泰豆氏教学生学驭车时，首先是要学习在"梅花桩"上行走，待到不用眼看而能熟练行走时再去学驾车，这样就可以不用专注驾车的四马，视野宽阔，得心应手，运用自如了。要练身体，先练心理，身心是一体的，体育也是教育的一个环节。

《礼记·内则》有"十有三年，学乐，诵诗，舞勺，成童，舞象，学射御"的记载。孔子不但提倡体育占绝对比重的"六艺之教"，而且《史记·孔子世家》说他"弟子盖三千焉，身通六艺者七十有二人"，这七十二人被称为贤人。《礼记·射义》中"孔子射于矍相之圃，盖观者如墙堵"，反映出孔子和当时的社会民众很注重体育。因此，孔子的体育技能备受人尊敬。"中礼""武德"开创了寓德育于体育的先河。《吕氏春秋》中的"流水不腐，户枢不蠹"；《礼记·杂记下》中的"一张一弛，文武之道也"；《老子》中的"天之道其犹张弓欤？高者抑之，下者举之，有余者损之，不足者补之"；《荀子·劝学篇》中的"镞矢之疾而有不行不止之时""是故质的张，而弓矢至焉"等论断与格言是这一时期的贤人智者从喧闹的体育活动中领悟出的至今还深深地影响着中国人思维方式和认知论的极富哲理的结论。体育为中国古代哲学的发展提供了素材。《庄子·杂篇》"夫为剑者，示之以虚，开之以利，后之以发，先之以至"的观点为内家拳奠定了基础。"阴阳""五行""道法自然""中庸"的哲学思想对中国体育文化理论实践发挥了巨大的指导作用。

中国古代这些关于体育起源的神话和传说突出地反映了中国古代人民早在体育开始发展的萌芽时期，就已经认识了体育的功能，幻想体育可以增强人类本身力量，提高身体的潜在能力，战胜自然界带给人类的一切困难和障碍，改善人类的生活环境。神话和传说虽然不是历史，但是，它是历史的影子，反映了原始社会人类的心理。希腊古代关于体育的起源和传说多与英雄力士有关，这是受海洋环境、商业贸易、个人奋斗经历的影响；中国古代的体育起源与传说多与实用技术有关，这是因为闭塞的大陆环境，导致农业生产方式是靠风调雨顺过日子，人们是一种务实心理。

（三）封建社会时期古代体育文化的定型

1.秦、汉、三国时期的古代体育文化

秦、汉、三国时期是我国体育文化发展的重要时期。秦始皇统一全国以及为巩固统一和专制集权采取的各项措施，对封建社会初期的发展作出了重大的贡献。但是，在繁重的赋税徭役、长期的征戍和严刑峻法的摧残下，人民生活陷入绝境。由于统治阶级收缴并销毁民间兵器，禁止民众操戈习武，致使秦代整个体育活动处于低潮。不过，因统治阶级追求长生不老和宫廷享乐，使养生和角抵得以发展。秦设立了专门管理宫廷乐舞的"太府令"并以体育技能"射"为官职称谓，这种称谓的方式一直延续到宋代。秦始皇命令收缴天下武器铸成十二金人，百姓只能进行徒手活动，使得角抵在当时特别流行。

汉初，刘邦实行休养生息政策，社会经济得到了恢复和发展。为了击退外来的侵扰，加强战备，以训练士兵为主要目的的剑术、拳术、骑射等武艺有了很大发展。以健康为主要目的的医疗体育，如导引养生，已有专著出现。《汉书·武帝本纪》记载了"元封三年春，作角抵戏，三百里内皆来观"的盛况。汉武帝时期，国家疆界扩大，民族成分增加，大都市形成，人民生活变得富足，特别是将岁首定在正月的新国家历法《太初历》的制定和《史记·礼书》所记载的"乃采风俗，定制作。……谓因民而作，追俗为制也"的行政措施，使得诸如春节的舞龙、舞狮，元宵节的观灯，清明节的踏青、放风筝，端午节的赛龙舟，重阳节的爬

山登高等一些地区性娱乐活动成为全国在统一日期进行的体育活动，后形成全国性的体育民俗。汉朝为了练兵，"蹴鞠"活动在民间得到进一步的推广普及。张骞通使西域，带回杂技与中国原有的杂耍结合形成"百戏"娱乐活动。"百戏"吸收了西域或大秦的杂技幻术，内容更为丰富多彩，形成了一个完整体系。其中的体育项目有角抵（包括角力、摔跤）、杂技（其中有倒立、绳技、冲狭、燕濯、寻橦等动作）、舞蹈（包括巴渝舞、七盘舞、长绸舞和折腰舞等）。汉画像石、画像砖不但可做佐证，而且还可从中发现女性身影。学者认为东汉时期的"击鞠"应是现代马球的雏形。投壶则是当时的士大夫阶层所推崇的娱乐活动。这一时期，百戏通过朝鲜传至日本。作为一种娱乐活动的蹴鞠，受到各阶层的欢迎，东汉时已有比较完备的竞赛制度。汉末名医华佗创编的五禽戏，标志着导引已由单个术式向成套动作发展，是我国古代医学和体育的宝贵遗产。此外，还有秋千、舞龙、耍狮、高跷等活动。这些活动有的在后世发展为竞技运动项目，有的至今仍是人们喜闻乐见的传统身体娱乐活动。

秦汉时期佛道盛行，为了信徒的健康，双方都选择了"武术"作为健身方法。印度高僧达摩在少林寺创造《达摩易筋经》，发展了武术。宗教促进了古代中国武术的发展，是中国古代体育文化的一大特点。

秦汉时的国家法律、礼制、治国思想、科技发展将中国古代体育的文化内涵、时间制度、内容形式定格于一定的框架之内。春节、清明、端午、中秋、重阳等时节所进行的大规模群体娱乐活动已经带有国家行政干预的性质，因此使体育活动与国家、社会、民众结合得更加紧密。儒家思想成为影响中国古代体育文化的主要学说。特别值得注意的是汉代体育。由于汉代政策宽简，人民得以休养生息，出现了政治巩固、经济文化发展的"文景之治"。由于汉代雄厚的物质基础，使得宫廷和民间的娱乐性体育活动丰富多彩，名目繁多。其中有关体育的项目有角抵（包括角力、摔跤）、舞蹈（蹴鞠舞等）以及秋千、舞龙、耍狮、高跷等活动。有的活动在以后发展成为竞技运动项目，有的至今仍是人们喜闻乐见的传统身体娱乐活动。

三国、魏、晋、南北朝时期，社会出现了混乱、分裂的局面。在体育活动方面，汉代那些能促使人民强身祛病的活动项目，如蹴鞠等一些运动项目被逐渐废弃。但从另一个角度来看，倒也促进了娱乐性体育和导引养生的发展，如统治者提倡的弈棋、歌舞、百戏等。

2.隋、唐、宋、元、明、清时期的古代体育文化

封建社会的中期，隋、唐、五代十国时期，特别是唐朝，由唐太宗李世民执政时，全国统一，经济、文化、政治的发展都达到了鼎盛时期。隋唐体育的发展出现了空前的繁荣景象。隋唐体育活动的特点是范围广、规模大，上自宫廷王妃，下至文官武将和平民百姓。再者，隋唐生产技术水平的提高，促进了体育场地和器材的改进，如唐太宗李世民亲创"秦

王破阵乐"，将武舞提高到一个新的高峰。唐朝举办的千人以上的拔河运动，体现了大唐雄风。马球成为唐代最流行的体育娱乐活动，多名皇帝都是马球高手。唐代壁画中有反映仕女打马球的场面。唐玄宗称宫女荡秋千为"半仙之戏"，都中士民竞相模仿，形成"万里秋千习俗同"①的局面。女子打秋千成为古代反映女性体育活动的诗词、歌赋、绘画作品中的重要题材。拔河、相扑等运动在唐朝传到海外。另外，少林武僧使少林武术名扬天下。武则天创"武科举"和宋朝办武学的措施推动了武术在民间的开展。杜甫的《观公孙大娘弟子舞剑器行》反映了民间高超的剑术。北宋末年，武当道士张三丰在总结少林武术的基础上创建了"以静制动，后发制人"的内家拳。中国武术形成了少林、武当两大派系。明朝的《纪效新书》《武备志》等兵书系统地、图文并茂地总结了中国武术的"十八般兵器"和"十八般武艺"，成为中国古代体育文献的重要经典著作。

到了封建社会后期的宋、辽、西夏、金、元、清，体育随着社会的变革而变化发展。这些朝代多为少数民族建立的政权，但他们都接受了儒家思想和华夏文化。这些朝代的体育活动都带有北方少数民族的射柳、射草狗、摔跤、木兰秋狩和中原体育文化的特点。随着市民阶层消遣娱乐活动的增加，出现了跳绳、踢毽子、跑旱船、滑雪、冰嬉等民间体育

---

① 出自杜甫《清明二首》。

活动，象棋也在这一时期定型。在宋朝的都市中出现了"瓦子""瓦肆"等娱乐的场所。在涿州、定州等抗金前线地区出现了"弓弩社"等民间俱乐部组织，苏轼非常赞赏这种寓兵于民的形式，在朝廷的支持下，"弓箭社"遍及城乡。世俗文化的形成使体育娱乐活动的导向逐渐由皇宫转向民间，这种转变使得宋朝皇帝经常出宫"与民同乐"。

在元朝规定汉人既不许练武也不许收藏武器，甚至大规模的民间游戏也遭禁，"违者重罪之"①，只准许蒙古族演练骑射、摔跤、马球等军事活动，但刘伯温仍然用舞鱼灯的方式操练兵阵，为反元做准备。

明末清初实行的"海禁"与中国特殊的地理环境使中国和世界彻底隔绝。经过长期的优化、选择、传承，造就了冰嬉、滑雪、赛马、骑射、射弩、摔跤、斗牛、斗鸡、游泳、航海、弄潮等区域性、民族性以及流行全国的武术、舞龙、耍狮、踏青、登高、秋千、放风筝、斗蟋蟀、围棋、象棋等民族体育项目和体育民俗。这些体育民俗和活动已经逐渐脱离了生产、军事，成为维系民族团结、保持民族传统、展示民族风采、扩大民众社交、满足民族心理的重要的社会活动，中国古代体育已显示出其重要的社会功能与价值。

鸦片战争以后，西方体育传入，结束了古代传统体育在中国一统天下的局面。但由于中华民族和中华文化的传承，古代传统体育从未中断过。所以，中国古代体育文化仍表现出其一脉相传的连续性和强大的生

---

① 出自《元史》。

命力。中国古代体育文化留下了许多堪称世界之最的优秀民族体育精华，时至今日我辈仍能沐浴她的恩泽。但随着近现代体育运动的发展和经济全球化的影响，中华民族传统体育文化也面临着变异消亡的危险。加倍爱护、保持本土民族传统体育，仍面临艰巨的任务。

二、近现代体育文化的发展历程

（一）军国民教育思想下的中国体育文化价值取向

1840年鸦片战争后，西方体育文化随着整个西方文化通过军队训练、留学生、教会学校、基督教青年会、外国租界、外国侨民等各种渠道传入中国。到清末，西方近代体育在中国的部分大中城市学校里开展，逐渐取代了中国传统体育的主导地位。当时较为先进的资产阶级改良派分析批判了导致国家贫弱的思想文化根源，同时也引进和提倡"尚武"为核心内容的军国民主义教育思想。其先进性表现为：国家富强的基础取决于国民的基本素质被认识，以增强国民的"体力、心力、群力"，全面提高民族素质，实现富国、强国为目标。这一时期，学校体育教育内容仅局限于以兵式体操为主的体操教学，中国体育文化的价值取向就集中表现为：倡导军国民教育，鼓荡尚武风气。从这一时期起，体育文化的价值取向服从于特定历史时期的教育思想，服务于社会的本质表现得更为突出。

（二）五四新文化运动下中国体育文化价值取向

辛亥革命、新文化运动和五四运动的反帝反封建怒潮和思想解放思潮推动了中国近代体育的发展。在中国近代史上，五四新文化运动被喻为中国空前的思想解放运动。五四运动之前，体育文化在中国的传播和发展，不仅带有封建残余的影响，更带有浓重的帝国主义文化侵略色彩。五四新文化运动在反帝反封建的基础上，提倡科学与民主，马列主义理论开始初步介绍到中国，外来实用主义思想被引进，因而促使中国一些进步民主人士开始用近代科学观点来研究和提倡体育，体育文化价值取向为适应社会的发展和教育思想的进步再次发生变革。首先，逐步摆脱了外国对中国体育的操纵与控制，独立自主地举办各种体育活动和竞赛，相继加入了远东体育运动会和足球、游泳、网球、体操等国际体育运动组织。其次，学校教育有了极大的改善，这表现在中国新武术被列为正式体操课，废止了兵操。最后，运动竞赛的风气在一些大中城市盛行起来，定期比赛活动逐年增多，国际比赛活动的范围逐渐扩大。在此期间，相关的体育专业教育有了较大发展，为近代中国培养了一批体育专门人才。在中西体育文化接触中，虽然西方近代体育与中国传统体育是两种不同质的文化，必然有冲突、对立的一面，但同时也有相互渗透、融合的一面。中国传统体育在与西方体育的冲突中已认识到西方体育的价值并主动借鉴其长处，对武术等传统体育项目进行了整理和改造，使两种体育开始融合。上海精武体育会于 1910 年开始在这方面做了非常成功的尝试，1921 年开始在东南亚华人聚居区开辟海外分会。1929 年，精武体育会会员已达 40 万人，海外分会 10 多个。在西欧的荷兰、意大利等国和美洲的美国也有精武会员的活动。据此有人指出这时的精武会已成为"东方体育文化向西方传播的领袖和旗帜"。

另外，五四新文化运动还号召"妇女解放""男女平等"，为促进妇女在体育方面的参与和努力争取了更多的权利和机会，专门的女子体育学校也有所发展。因此，在这一时期中国体育文化的价值取向开始初步科学化、民主化、大众化。

（三）新中国成立后中国体育文化价值取向

1949 年新中国的成立为体育运动的发展开辟了广阔的道路。首先，体育在整个国家中的社会地位大大提高。由于中国共产党和人民政府对体育的重视和对人民健康的关怀，体育事业被当作国家建设事业的一个组成部分，载入了国家的根本大法。1949 年 9 月，在中华人民共和国成立前夕通过的《中国人民政治协商会议共同纲领》中，就明文规定"提倡国民体育"。1950 年，毛泽东主席亲自为我国第一个体育杂志《新体育》题写了刊头。

1954 年，党中央批转了《中央人民政府体育运动委员会党组关于加强人民体育运动工作的报告》，其中指出"改善人民健康状况，增强人民体质，是党的一项重要政治任务"。《中华人民共和国宪法》（1982 年）第二十一条明文规定："国家发展体育事业，开展群众性的体育活动，增强人民体质。"第四十六条规定："国家培养青年、少年、儿童在品德、智力、体质等方面全面发展。"1983 年 10 月，国务院发出通知，批转了《国家体委关于进一步开创体育新局面的请示》，通知指出："体育战线取得了振奋人心的成就，开始出现了新的局面，极大地鼓舞了全国人民向四化进军的信心，在建设两个文明中发挥了积极作用。"还指出："体育是增强人民体质的积极有效方法，同时是进行共产主义、爱国主义教育的有力手段，是建设社会主义精神文明的重要方面。"

新中国成立以来，在党和政府的关怀下，逐步建立健全了全国体育工作的组织体系和领导机构。体育工作者当选为历届全国人民代表大会代表的人数一届比一届多。历届全国政治协商会议都邀请了体育界的代表，特别是我们党和国家领导人对为国争光的运动员、教练员非常关怀。对我国参加的一些重大国际比赛，中央领导同志有时还直接参与决策。例如，1973 年，在我国举办亚非拉乒乓球友好邀请赛，周恩来总理对许多工作都亲自过问。1981 年，我国女排在关键的一仗战胜美国女排后，党中央办公厅第一个打来电话表示祝贺。1982 年 10 月，中央书记处集体接见中国女排和各个项目的优秀教练员及体育干部，鼓励体育健儿要把高标准，严要求，勤学苦练基本功的风气坚持下去。

（四）改革开放以来中国体育文化价值取向

1982 年 9 月，党的十二大把包括体育在内的文化建设列为精神文明建设的两个方面之一，指出："它既是建设物质文明的重要条件，也是提高人民群众思想觉悟和道德水平的重要条件。""体育战线取得了振奋人心的成就，开始出现了新的局面，极大地鼓舞了全国人民向'四化'进军的信心，在建设两个文明中发挥了积极作用。"1984 年，我国体育代表团参加了第 23 届夏季奥运会，洗刷了旧中国在奥运会"零"的纪录，是我国体育史上具有历史意义的重大突破，标志着我国体育事业的新飞跃。以后在第 25 届、第 26 届奥运会上，均取得 16 枚金牌、位列第四的好成绩。2008 年北京奥运会，中国以 51 枚金牌居金牌榜首位，是奥运历史上首个登上金牌榜首的亚洲国家。2022 年北京冬奥会，中国队以 9 金 4 银 2 铜收官，位列奖牌榜第三。

在改革开放的 40 多年中，中国体育文化在不断地创新和发展。体育运动是先进文化的重要载体，人是生产力中最活跃的因素，因此大力发展体育运动，提高人民身体素质，是符合发展中国家先进生产力要求的；作为有利于人们培养和形成良好的生活方式和习惯的中国先进体育文化，正在不断地满足人民日益增长的物质文化和精神文化的需求；作为先进的体育文化，中国体育文化正立足于面向奥运，为奥运文化的发展和世界体育文化的发展服务。

第三节　体育文化的价值与功能

一、体育文化的价值

现代体育教育和世界教育发展潮流是一致的。100多年来，不但极大地丰富了体育文化，提高了体育在社会中的地位和价值，而且在促进人的"全面发展""协调发展""完善发展"中起到了重要作用。

（一）奥林匹克运动文化的价值

现代奥运会经过100多年的发展，已经成为世界上最广泛的社会文化现象。现代奥运会精神文化的设计，是对古代奥运会的继承和发展。古希腊的竞技运动受到社会各界的广泛支持和尊重。竞技场上的优胜者不仅受到橄榄桂冠、棕榈花环和塑像等奖励，更重要的是他们像英雄一样受到故乡人民的崇拜，为他们举行盛大庆典。

奥林匹克的格言是"更高、更快、更强"，它激励青年人奋发向上、超越自我，向着更高的目标迈进。运动员们勇于克服各种艰难险阻，付出辛勤的汗水去争取胜利的意志和品质，这对所有人都是一种启迪。

奥林匹克的精神是：互相理解、友谊、团结和公平竞争。

奥林匹克的最终目的是：为建立一个和平美好的世界作出贡献。

现代奥运会的五环设计要比20世纪二三十年代推进了一大步。体育文化的任务由感性深入理性，从形体美深入心灵美。体育文化的理性任务要求锻炼者在身体健美、均衡和体态端正的基础上达到意志品质高尚、身心尽善尽美的境地，并与艺术相结合。这种深入的心灵美，是一种更高层次的体育文化的理性价值。

（二）竞技体育文化的价值

体育与人类的生存、发展紧密相连，人类创造了体育，也创造了体育文化。体育文化是一种竞技运动文化。正是人类对这一种竞技运动文化进行了改造，经济、文化才不断地获得创新与发展。正如《奥林匹克宪章》中所说："奥林匹克主义是增强体质、意志和精神，并使之全面发展的一种生活哲学。"体育正向着竞技与艺术相结合、形体美与心灵美相结合的形态发展。

（三）大众体育文化的价值

在人类文明的进程中，出于人类的共同需要，人类对自身生存、发展、享受的追求和关注一刻也没有停止过，正是这种大众体育文化在教育全球化的浪潮中的推动力最大，影响最为广泛，也最为深刻。这是因为大众体育文化在给人类带来快感和美感的同时，还给社会带来了健康和活力。无论中国的大众体育，还是国外的大众体育，都是以全面发展与和谐发展为根基。

（四）中国传统体育文化的价值

中国传统文化有着历史悠久、博大精深的光辉篇章，也是中华民族自强不息的象征。其核心就是道德教育。在当前文化缺失、物欲横流的大环境下，有不少人误认为道德是限制人们行为的条条框框。其实，有道德的生活才是真正正常、幸福的生活。中国的民族精神基本凝结于《周易大传》的两句名言之中，这就是："天行健，君子以自强不息""地势坤，君子以厚德载物。"自强不息、厚德载物是中国传统文化的基本精神，是贯穿于中国古代的社会生产活动和生产力、社会生产关系、社会制度、社会心理和社会意识形态这五个层面的主要线索、本质和核心。

二、体育文化的主要功能

体育文化有其独特的功能和社会作用。体育文化的功能取决于体育本身的特点和社会需要，因为体育如果不具备某种特点就不可能在该方面起作用，同时，如果没有社会需要的刺激，同样不可能显示出它的社会功能。体育文化的功能主要表现在愉悦身心、开展交流、增强凝聚力等方面。

（一）体育文化的社会功能

1.体育具有愉悦身心的功能，可使人们善度余暇

随着社会的进步和生产的发展，人类需要的层次也提高了。在体育

产生和发展的相当长的时期中，人们更多地注重体育增强体质的功能，然而随着现代化的长足进展，社会余暇时间增多，如何善度余暇成为一个社会性的问题。丰富多彩，健康文明的余暇生活不仅使人们在繁忙的劳动之后获得积极性休息，而且还可以陶冶情操，愉悦身心，培养高尚的品格。因此，体育在精神方面、文化方面的价值在实践中越来越明显地表现出来，并被人们认识。

体育的愉悦功能是通过参观和参加两个途径来实现的。

（1）参观：现代体育运动，特别是竞技运动，运动艺术日益向难、新、尖、高的方向发展，一些杰出的运动员能够在一定的时间和空间条件下，把身体控制到尽善尽美的程度，如美国 NBA 篮球比赛中队员间的配合之默契，突破上篮动作之连贯，空中扣篮动作之雄健，使健、力、美高度统一起来。再如自由体操比赛中运动员的动作之缩展协调，空翻动作之惊险完美，加上和谐的韵律、鲜明的节奏，表现出抒情诗般的、戏剧性的艺术造型，使人们在观看体育表演和比赛时产生一种犹如欣赏最优美的舞蹈的愉悦感。正因为体育运动如此富有魅力，因此，在运动场上常常有一种移情作用在观众和运动员之间扩散开来，使观众忘却了一切烦恼和不愉快，"净化"了观众的感情，使人们由于工作和劳动所带来的紧张的神经、紊乱的情绪得到积极有益的调节。不仅有助于元气的恢复，而且也是一种精神上的享受。

（2）参加：人们通过亲身参加体育运动，特别是参加那些自己喜爱和擅长的运动项目，会在身体完成各种复杂练习的过程中，在与同伴默契的配合中，在和对手斗智斗勇的过程中，得到一种非常美妙的快感和心理上的满足感。同时在运动中又排除了人们心中淤积的焦虑、紧张等，使攻击性得到宣泄，情绪变得快乐，可使人产生自尊心、自信心、自豪感，满足了人们与同伴交往、合作的需要。

2. 体育具有增进国际交往，促进经济发展的功能

体育过程是人们相互交往的过程。为了体育人们相聚在一起，共同锻炼，相互娱乐，相互了解，通过体育建立的朋友关系不仅使得体育过程得以顺利进行，而且在体育活动后，相互交流经验，消除紧张方面也发挥了很大的作用。

由于体育自身有这些社会特点，国际交往很多是先通过体育活动来进行往来的。像我国早期的乒乓球外交，先通过体育相互了解，而在了解的过程中彼此之间交往就会增加，交往的过程又促进了彼此的了解，使双方在互利的情况下建立起友谊。所以国际体育交流不仅是最容易实现的，而且对促进国家之间的相互了解和共同发展也是最为有益的。我国实行改革开放以来，通过国际体育活动，结识了无数来自世界各地的朋友，同时也使他们进一步了解了我国的文化、经济和对外开放的政策。早在1984年，山东潍坊风筝节就显示出了体育文化的特殊交往功能。

尽管那次风筝节还未搭起"经贸台"，更没能摆出谈生意的架势，但无法阻挡涌来的订单。喧闹的风筝节后，20多个国家竞相进口潍坊风筝，数量达30000多件。经济利益使长于手工艺的潍坊人醒悟过来，风筝节不但可以宣传自己，而且还可以推动经贸，便将每年农历清明节定为该市的风筝节。从那时起潍坊人利用当地的优势，发展了一大批具有国际竞争能力的产品，风筝节成了潍坊改革开放的窗口。另外，一些省、自治区还举办了"龙舟节""武术节""那达慕"盛会，形成了体育搭台、经贸唱戏的形势。

3. 体育文化具有加强凝聚力、提高竞争力的功能

体育文化强大的凝聚力在现代社会中已成为宣传爱国主义、集体主义教育的内容和手段，它起着组织、团结、激励等作用。

体育文化的特点之一是竞赛，竞赛带来这样一种现象：对内部极为团结，互相协调，对外则千方百计要战胜对手，超越对方。如在工作学习中，同事同学之间产生误解和矛盾的时候，往往通过体育活动，在互补共振、友好协作的气氛中得以相互谅解，尽释前嫌。特别是中学生，处在对性别比较敏感的年龄，相互间对异性的反应是相互对立，常常无端地当众对异性同学采取一些不友好的行为，但是在校运动会上，却轻而易举地冲破了这种壁垒森严的界限，男女同学之间能够相互照顾、关心、团结，显示出融洽与和谐的人际关系，如此真善美的人际关系的形

成，主要得益于体育精神的呼唤和激发。可以这样说，在现代社会中，很难找到比体育更有效的使人与人在交往中能迅速解除"心理防卫"状态，迅速进行情感沟通的途径了。

竞争是体育发展的杠杆，它既包括竞技体育又包括群众体育的竞争。体育的竞争指两个以上的人或集体用同一规则争夺同一个目标的活动，先得为胜，通过比赛可以培养人的意志和精神，这一点正被越来越多的人认识。在比赛过程中的层层选拔，迫使人们不断参加更高层次的比赛和训练，面对更强的对手，只有不断地超越自己和对手、树立信心，才能技压群芳、胜人一筹，因此可以增强人们的危机感和竞争能力。比赛只有出其不意、攻其不备才能稳操胜券，因而可以激发人们的创新意识。现实的比赛经历使人们深深地懂得只有辛勤的付出之后才会有胜利的喜悦，不管是大众体育还是竞技体育，任何人只要投身到体育运动之中，就必然会受到意志和精神的熏陶，经过身体力行和耳濡目染，久而久之就会养成这些意志和精神。因此，许多发达国家的大企业在招收高级职员时，把体育运动经历作为一项重要条件。在我国也有很多厂家和企业聘请体育明星来担任他们的经理或拍摄广告，利用他们的体育形象来宣传自己的企业，从而使人们更加相信其产品的真实性，提高其产品的知名度，从而使自己企业的竞争能力得到增强。

振奋民族精神，表现民族自尊。体育运动具有的广泛社会性使体育成为国家中最强有力和最直接的宣传鼓动工具之一。当今时代，要问鼎世界，保持国家强盛，振兴民族，必然要以民族精神的发扬为前提，而体育则成为振奋民族精神的巨大动力。甚至一次重大国际比赛的得失，也能像巨石击水一样，在国民心中产生巨大的冲击波，使千万人乃至整个国家沸腾起来，使民族精神得以升华，爱国激情得以张扬，民众之心联成一体，为国家的腾飞、民族的昌盛提供难以估量的精神力量。如1968 年捷克冰球队战胜苏联冰球队后出现举国欢庆的盛况，我国女排获得"五连冠"后在国内引起的轰动，以及第十三届世界杯足球赛阿根廷队获冠军后在国际国内所产生的影响都是生动有力的说明。

综上所述，体育是一个完整的整体，它的各种功能各有侧重，又互相交叉，都不是完全孤立的，只是角度的不同，很难截然分开。体育功能的实现是有条件的，不是自然而然就可以实现的，如健身功能并不是参加体育运动的必然结果，违背科学规律和原则的盲目锻炼，不仅对身体健康无益，反而有害，只有讲究科学性，才能保证健身等功能的实现。

（二）体育文化的教育功能

体育是与德、智、美育并列的教育的一种。教育是以前人积累的知识、理论、技能传授和训练后人的活动，是延续和发展人类文化的重要组成部分，当然是文化的一部分。它所体现出的社会功能却在人类社会中构成了独特的文化内涵，极大地丰富了人类社会文化，对社会的文明和进步起到了积极的促进作用，具有鲜明的民族性、时代性和开放性。这里从以下几个方面探讨其独特的教育功能：

1. 在个体社会化过程中的规范和塑造作用

（1）体育文化是调整、教育人们形成正当社会规范的有力手段

体育运动本身就是一个有章可循、有一定约束的社会活动，又是在一定的执法人即裁判的直接监督下有组织地进行的，这对培养人们，特别是青少年遵守社会生活准则是一个很好的强化。在体育运动中，法律规范和道德规范两者兼而有之。体育运动的规则及裁判法在竞赛时具有法律效力，人们心甘情愿接受它的管束和"制裁"。体育道德保持了体育运动中竞争的连续性，这种竞争是在协作、团结、友爱的氛围中进行的，具有真实性。体育运动培养社会规范的作用已越来越被人们认识，有人说"不多修运动场，就意味着多修监狱"，就是这个道理。

（2）体育文化能指导人们树立崇高的生活目标

体育运动以其隆重庄严的典礼仪式将青少年和社会各阶层人员召之旗下，通过协作、奋斗而获成功之喜悦，饱尝创业的成就和荣誉。尽管人们参与其中的目的不一，方法各异，但体育运动往往会因此而成为许多人人生道路上终生难忘的里程碑。

（3）体育文化可以塑造和发展自己的个性

体育运动的主体是人，每个参与者的个性可以在独立行动中充分展

示。众多迥异的体育项目为每个人的个性发展提供了适合自己的选择机会，而在其中扮演角色，使自身的个性得到淋漓尽致的抒发，不同的运动项目，加深了运动的内容和方式的差别，即使在同一个运动队之中，扮演角色的不同都会形成不同的鲜明个性，但是每个人都能在体育运动中找到自己的闪光点。

2. 对良好品德的形成起促进作用

（1）体育以它丰富多彩的活动内容吸引着青少年

通过体育活动尤其是团体的竞赛活动，进行品德教育，更适合青少年学生的年龄特征，特别是结合各种运动项目的特点和要求，更能较全面地实现对青少年学生的思想品德和个性的培养。

（2）体育活动的基本形式多以集体为单位

处于青少年这一年龄段的学生，具有较强的上进心、好奇心和争强好胜的心理特征，乐于参加集体体育活动，而体育竞赛活动有严密的组织和严格的纪律，都蕴含着生动的道德因素，这有助于培养他们互助友爱、乐于奉献的优良品德的形成，并在其中学会正确处理个人与集体、自由与纪律的关系，增强对自己行为的责任感。

（3）体育竞赛的奖励和评比对人们的教育有很大作用

竞赛具有激励作用，鼓励人们发挥潜能，发扬拼搏精神。评比能促进人们意识到个人的行为对集体的影响，而有助于培养他们的责任感和集体荣誉感。竞赛的结果，可以带来精神上的满足和情感的迸发，激发人向上进取的良好愿望。

（4）体育运动作为善度余暇的手段，极大地丰富了人们的闲暇时光

体育运动以各种健康文明的活动及其独特的形式和内容，充实了人们的精神生活，满足了人与人之间的正常交往，使人们在精神上得到了陶冶，体能上得到了锻炼。随着科学技术的不断发展，现代"文明病"相伴而来，人们运动的愿望日益迫切，而体育教育实践证明，学会体育运动的方法，正是建立"终身体育"的最好方式。

3. 丰富审美教育的内容

（1）体育活动满足了人们的审美需要

人类在漫长的社会实践中创造出体育，并使体育这种社会现象的审美价值与日俱增。美作为人的个性和谐发展和精神文明的综合标志，广泛地寓于体育文化之中。体育以身体运动为特殊手段，通过动作展示具体的形象，给人以审美体验，并与自然美和艺术美有机结合，提高人们感受美、鉴赏美、创造美的能力。

（2）体育文化能够塑造人的精神美

体育文化的精神美表现在经过艰难激烈的锻炼与竞赛活动中，锤炼了人的勇敢、果断、自信、坚毅等意识品质，培养礼貌、自制、协作、守纪律的体育道德及顽强拼搏的精神风貌。运动员在比赛中的守法意识

和强烈的竞争意识，以及公正、友好、谦虚的赛风，都能把人带入一个奋发向上的美好意境。

（3）体育运动培养人们的审美情趣

体育寓美于运动之中，运动中体现出美。人们在观赏时感受极为丰富，并能产生独特的情感体验。当欣赏到乒乓球在运动员手中所表现出的神奇般的球路变化，篮球运动员的战术配合、位置变换、突破上篮，跳水运动员的 10 米跳台跳水的一系列的复杂而娴熟的空翻、转体、翻掌压水花，以及体操运动员完成动作时的高、飘、稳和惊险、独创的动作的时候，我们不能不感到这是科学的创造，艺术的再现，是力量和美的体现。

综上所述，我们从中可以清楚地看到，体育文化是现代教育中极为重要的一环，是培养身心全面发展、体格健全的社会主义建设人才的有效途径。

（三）体育文化的认知功能

体育运动一方面是以对抗和竞赛为内容，利于磨炼人顽强、坚韧、自信、勇敢、机智等品质；另一方面体育运动又以进步和友谊为目的，便于培养人坦诚、宽容、谅解、互爱等品质，以及使人在组织性、纪律性和集体观等方面得到加强和提高。体育运动的过程，从本质上讲就是克服自我、战胜自我、净化自身、提高自身素质的过程，从而在某一种体育行为的磨砺和体育精神的陶冶中，渐渐地形成积极、健康的心理定向，以完成人格的升华，这就是体育运动之于人格塑造的意义所在。因此，体育运动的本质是陶冶性情，塑造人格，服务于人的身心发展和完善的。

1. 体育运动建立了荣誉感

人生的目的不仅是为生活，而且还需要荣誉的生存。荣誉是人格光辉的表现，也是整个人生不可分离的部分。没有荣誉感的人就谈不上人格。美国西点军校的校训是"责任、荣誉、国家"，这是他们在军人精神教育上对于荣誉的重视。奥林匹克运动强调"更高、更快、更强"以及"参与比取胜更重要"的格言，都是就"荣誉"而言的。

谈到荣誉，往往就会联想到"名誉"，但两者是不尽相同的。荣誉并不能等同于名誉。名誉之于一个人，是外加的；而荣誉却是内在的。可以进一步说，名誉只是外界的称许，而荣誉则是发自内在的光荣（也可以说是光辉）与外界所加的名誉相合而成的。所以，荣誉具有内在的价值，较名誉还要可贵。当然，重视荣誉并不排斥名誉，体育运动在人的荣誉感的建立中起到的作用，正是通过公平的竞技比赛获得名誉而确立的。人是社会的存在，是需要外界的刺激和鼓励的，也需要通过某种方式让自己的能力得到表达，从而被公开承认。这样，一个人才能自发向上，自觉追求进步。

运动竞赛以公平竞争的机制为每个人提供了一个表演的舞台。体育运动与人的生理状态、心智发展和审美趣味都有密切的关系，体育运动使人获得全面发展。

2.体育运动拒绝虚荣

体育运动以竞赛确立名誉，而获得荣誉，但名誉不是虚荣。虚荣的表现就是好炫耀、好夸大，借此以博得他人对自己的赞许。可见虚荣是从错觉来的，错觉一旦幻灭，虚荣也就随之消散。荣誉则不然，荣誉不是求之于外，而是求之于内的，所以荣誉可以自持，可以永久。

现代体育中出现的竞技伦理"黑色现象"，如虚报年龄、性别作假、服用兴奋剂等种种有失道德水平的行为，其目的是骗取荣誉，这是有悖于体育运动基本精神的。争强好胜之心对于推动人们实现人类的目的——发展自身的能力是十分重要的，甚至是不可缺少的。但是，对于体育运动而言，赢得胜利本身毕竟并非最终目的，它只是促进人类目的的必要刺激而已。体育运动培养了人们的成就感、荣誉感。作为奖励方式的奖牌的全部意义，不过在证明你在此项运动中出类拔萃，证明你在这方面的能力超群出众，因此它们本身只是一种象征。奖励的真正价值不在于象征本身，而在于它背后的东西，也就是那个被象征的东西。如果你在体育竞赛中充分地发挥出自己的水平，那么，即便没有获得很高的奖励，你也会感到快乐的。因为参加体育竞赛的最大乐趣本来就在于你能在其中自由地发挥你的能力。所以，体育运动拒绝虚荣。

3. 体育运动引发崇高感

体育运动的文化功能不仅在人格发展中能体现为荣誉感的确立，而且能引发崇高感。拿最古老、最能显示人类欲望、意志和技能的田径运动来举例，与游戏性项目、表现性项目不同，它是纯粹的、人体自然素质的衡量，纯粹的人体运动功能的竞赛。我们总会对奥运会田径场上争先恐后的比赛激动，激烈的争先形式展示在人们面前的，既是人的最基本的跑、跳、投等动作功能，又是其最大限度的搏击和发挥。这是人类在不断地向自然挑战，向自身挑战，在不断地征服自然的界限，冲击着自身能力的极限。在这个过程中人可察觉到自身的速度和力量的崇高，自身的灵巧和协调的优美，崇高感弥漫于其中，辉煌于其中，深深地叩击着人心。康德不仅把崇高感界定为人的心理效应，而且还是一种由想象力所唤起的人的道德精神力量的胜利。崇高的崛起必然冲决一系列阻碍，超越一系列阻碍，为此可以提升人格的境界，展现人格魅力。

我们在体育运动的情景中，可以获得一种气势，这种气势是震撼人心的，可以净化人的心灵，荡涤污浊。气势的崇高是一种磅礴的氛围效应，即从运动体中迸射出的，继而激发并携带着观赏者的情绪，在一个相对有限的空间里猛烈地翻腾、澎湃的结果。因此体育运动给人以刺激性和感染性，它引发的崇高感在人格境界上是其他社会文化方式不能替代的。

第二章 校园体育文化

第一节 校园体育文化的结构及内容

一、大学校园体育文化的结构

许多学者将校园体育文化划分为"体育物质文化、体育制度文化、体育行为文化和体育精神文化"。根据文化的结构，由表及里地进行分析。首先是"物质文化层"，是指人们通过加工创造对自然的改造。其次是"制度文化层"，是指人们在社会实践中形成各种规范。再次是"行为文化层"，是指人们约定俗成的习惯。最后是"精神文化层"，是指人们在长期的实践以及意识活动中各种价值观念等因素，其中"精神文化层"是文化最核心的部分。

在大学校园体育文化结构中，校园体育精神文化蕴含着文化主体的认知成分、情感成分、价值成分、理想成分，其中的体育观念、体育精神又是大学校园体育文化活动中最活跃的因素，决定着大学校园体育文化的行为表现效果，决定着大学校园体育文化传统的形成和文化走向，体现着文化主体的主观愿望和文化品位。因此，大学校园体育文化精神的培养、塑造和传承将是大学校园体育文化建设的核心和难点。

二、大学校园体育文化的内容

体育文化的物质、精神、制度和行为文化层虽各有重点，但在特定的系统中则融为一个有机的整体。体育文化的各层次之间既有联系但更多的是区别，而各层次间有依存、渗透、制约、推动的作用，由内到外逐步深入构成一个有机的整体。

（一）大学校园体育精神文化的内容

校园体育精神文化形态是校园体育文化的灵魂所在。校园体育精神文化形态主要反映在体育的价值观念、体育的态度、道德风尚、知识等方面，涉及学生的理想追求、观念转变、道德修养、人格塑造、行为自律、纪律约束等各个方面。它一经形成，就成为校园的向心力和凝聚力之源，具有明确的指向性，影响和规范每个学生的思想和行动，决定他们的价值取向和思想品质的形成，并成为激励学生奋发向上的精神力量。它是师生员工在从事体育活动时从其所特有的生活方式中体现出来的思维活动和共同的心理状态，是师生员工在长期教学、学术、训练、健身、工作、生活等方面实践中逐步形成和发展起来的，并为师生自觉认同的群体意识。我们从校际间、院系间、班组间的比赛就可以明白一切。它以体育思想观念体系和价值体系表现出来，是一种氛围，一种软环境。

因此，强化和弘扬良好的体育精神文化是校园体育文化建设的核心和宗旨。

（二）大学校园体育制度文化的内容

校园体育制度文化是指在体育教学、娱乐、竞赛等活动中要求学生共同遵守的规程、行动准则等文化体系，它是在体育教学实践中形成和发展起来，并通过条文固定下来的。它具有高度的科学性、权威性、概括性和规范性等基本特征。它是衡量教学质量、运动水平的主要标志。它能引导学生在约定的规则下进行体育比赛和竞争较量，有利于培养学生遵章守纪的行为习惯，加强道德培养。

大学校园体育制度文化具体包括以下内容：一是大学校园体育组织机构。校园体育组织机构是管理、组织、运行校园体育文化活动的学校行政单位，它是监督、执行学校相关体育规章制度的机构，具有教育、管理职能。二是大学体育制度法规文件，包括体育教学、课余体育活动、运动训练与竞赛、体育科研、体育社团、体育交流、体育师资等全方位制度、方法的确立。它既有国家层面的政策性文件，又有学校层面的体育规章制度。三是大学校园体育传统。体育传统是学校在体育方面逐渐形成并带有普遍性、重复出现、相对稳定的蕴含学校文化精神、独具特色的体育文化形态，它具有教育、导向、规范和激励的作用。各个学校的类型、规模、办学条件、师生结构、地理环境等的差异决定了体育传统的创新和个性特征。四是大学校园体育风俗习惯。这种风俗习惯在大学校园中是一种隐形的规则，这种规则并不是由管理者制定的，也没有强制的约束力，而是由体育文化受众自己建立的，用来协调互相之间的关系和利益。大学体育风俗习惯具有学校特点和群体特色，它是某一群体的某种体育行为的约定俗成的经验或规则。

校园内体育文化受众的行为被大学体育制度比较严格地规范着，有利于校园整体体育行为的稳定。因此，大学体育制度犹如一个模具，它引导和规范着大学体育主体的体育行为，对大学校园体育文化的真正形成起着决定性的作用。

（三）大学校园体育行为文化的内容

校园体育行为文化形态是校园体育文化的活动表现，主要体现为校园人的体育习惯、体育风气、体育传统、体育方式、体育活动质量和体育流向，以及校园体育在学校各项活动中的地位等。学生在行为文化下建立良好的师生关系和同学关系，相互尊重人格，团结友爱，积极向上，不歧视，不排斥，培养一个良好的体育集体，创造一个良好的人际氛围。

首先，大学体育是大学生的必修课程，是大学生校园体育的最重要内容之一。大学生在大学本科期间必修 4 个学期的体育课，体育课程内容、上课时间在各个大学有所不同。当前大部分大学的体育必修课程安排在大学一、二年级，部分大学采取学分制管理办法，在大学四年任选4学期体育课程。在规定选课时间内，大部分大学实行"三自主"体育选课模式，即学生可以在规定资源内任选上课内容、上课时间和任课教师。除了体育必修课，各大学均为大学生安排了健身性、娱乐休闲性更强的体育选修课，选修课教学内容、考核方法等与体育必修课均有较大区别。

其次，校内外体育竞赛、课余运动训练、学校大型体育文化活动为广大师生提供了表现自己、展现个性、表演运动技能的舞台。它具体包括校内学生篮球、足球、排球联赛，乒乓球、羽毛球、健美操等锦标赛，全校学生、教职工运动会，体育文化节，体育社团体育竞赛，学校之间的体育友谊赛等。

再次，大学体育社团建设情况能够反映出大学校园体育行为文化水平。体育社团文化建设的好坏直接影响到教师、员工，尤其是学生体育综合素质的培养和提高。体育社团文化建设的多样性与丰富性能极大地调动引导师生员工体育运动的积极性。丰富多彩的体育社团活动，种类齐全的体育社团类别，浓厚的体育社团文化氛围，都在直接或间接地影响着校园每个个体的体育思想意识、体育行为举止、体育运动中的交际与沟通能力、组织管理与协调能力、团结与合作能力等。各个大学体育社团的管理规范性、多样性差异较大，体育社团数量一般在 10~35 个。

最后，大学校园体育行为文化还包括大学生的个体健身活动。大学生个体健身活动具有自发性、自觉性，它能够有效地培养大学生的体育健身意识，有利于大学生体育健身习惯的养成。但是由于缺乏组织、管理和指导，如果引导不当，大学生不良的体育行为文化会导致大学生体育行为的异化。例如，运动场上的突发事件、比赛场上的暴力冲突、体育课堂中学生之间的敌视等不文明行为。触发这些行为的原因不一，学习压力、感情的变故、报复心理、竞争压力等都会成为行为异化的原因。这些行为具有一定的突发性，很多在发生前没有任何的先兆。当前体育行为文化建设的重点之一就是去竭力预防和制止这类行为的发生。

（四）大学校园体育物质文化的内容

大学校园体育的物质文化层面包含校园里的体育建筑、雕塑、场地、器材等，是校园体育意识文化的载体，也是学生进行体育锻炼不可缺少的物质基础和校园体育文化建设的前提条件。如果没有相应的文化设施，在一定程度上讲，校园体育文化建设就将成为"巧妇难为无米之炊"。因此，必须加强校园体育物质文化建设。

大学校园体育物质文化包括以下几个方面：一是大学校园体育标志。通常指大学体育标志性建筑物、大学体育吉祥物、标准色、大学体育运动服饰、大学体育图标。有着悠久文化的大学校园通常都有承载学校历史与使命，体现大学文化精神的体育标志，并希望以此激励学校的持续发展。例如，清华大学的马约翰塑像、"为祖国健康工作五十年"的标语便是校园体育文化的载体。二是校园体育环境，包括自然环境、体育建筑风格、体育建筑布局、体育建筑雕塑等。校园体育环境的建设渗透着学校的人文气质和体育传统。北京大学第二体育馆和奥运体育馆的设计建设均与北京大学整体建筑风格相吻合，体现了北京大学的文化精神；东南大学的四牌楼校区体育馆的建筑风格和发展历史印证了东南大学的校园体育发展史。三是校园体育场馆和体育器材设备，这是大学校园体育文化发展的基础和保障。大学校园体育活动的开展包括体育教学、群众体育与校内体育竞赛、运动训练与竞赛、大型体育文化活动等均离不开学校基础体育物质设施的支持。这些物质设施包括体育馆、体育场、体育器材、体育比赛器械等。校园体育运动项目很多，每一个运动项目均有各自所需的体育场地和体育器材，学校在校园体育物质设施的建设、购买、维护、更新方面的投入占到大学体育经费的最大比例。

第二节 校园体育文化的特征

一、校园性特征

校园体育文化是一种亚文化，它区别于其他文化的最主要表现是校园的特殊性。具有校园性才是校园体育文化特殊性的核心所在，它对于社会文化和其他校园文化是相对独立的，不同的校园会产生不同的体育文化。另外，它也是多元性的，可以分为校园体育物质文化、精神文化，以及校园体育行为构成的制度文化等。校园体育文化又是弥散性的，它可以通过体育运动形成，使它所包括的内容广泛地播撒到校园的每一个角落、每一个人当中，形成一种特有的校园体育文化现象。

二、教育性特征

校园体育文化是在校园这一特定环境中的体育文化现象，始终与该环境中的生活成员发生密切联系，参与校园体育文化活动的人是受教育的主体，相对而言，校园体育文化作为客体存在，它随时都发挥着显性或隐性的作用。这是校园体育文化的本质所在，也是学校体育之所以能够成为教育组成部分的根本原因。

三、实践性特征

校园体育文化是校园和体育文化的结合，它应当表现体育的本质特征即实践性特征。此外，学生时期是人生"好动"的阶段，亲身体验的欲望强烈。在校园体育活动中，学生有目的、有组织地为自己创造条件，开展各种喜闻乐见的体育活动，在实践中体验体育的乐趣、价值，培养良好的体育道德和体育精神。同时，校园体育文化活动又具有一定的社会性，使学生在体育活动中增长社会知识和交往能力，这种实践性为学生的理论与实践之间建立起一座桥梁，使理论和实践有机地结合起来，达到全面发展的目的。

四、创造性特征

创造是校园体育文化的灵魂，没有创造便没有校园体育文化的生长和发展。高校是知识分子相对集中的地方，传播媒介比较完备，文化层次普遍较高，他们对社会体育文化的发展和走向表现出明显的注意，并创造出许多形式多样、内容丰富的校园体育文化活动内容。师生在创造多姿多彩的校园体育文化活动中，不仅丰富了校园体育文化内涵，提高了体育文化意识，而且也为师生员工的创造性思维活动提供了广阔的空间。除此之外，校园体育文化还具有健身性、娱乐性、群体性和开放性等特性。

五、时代性特征

文化是时代的文化，不同时代有不同的文化。校园体育文化也不例外，它与所处时代的政治、经济及文化的发展密切联系。新时代的校园体育文化总是对前一时代文化的继承、批判和超越。也正是因为有这一特性，不同时代才会产生不同的校园体育文化。

六、动态性特征

大学校园体育文化参与的主体是大学生。大学生天生好动，他们不习惯长期静坐和默读。一般而言，校园的课堂教学活动是一种静态性的教育形式，长时间的"三点一线"式的学习生活，往往会使多数好动的学生感到枯燥无味。因此，大学生在学习之余所钟情的休闲娱乐方式往往是体育文化活动，这既能调剂学生的学习生活，又能获取各种体育知识和综合才能。在紧张学习的闲暇时间，在复习迎考的间隙，由班级或学生团体组织一场小型的足球比赛或网球比赛等，这样既能调节学习生活、和谐心境、陶冶情操，又能使大学生得到积极性的休息。特别是在节假日到来的时候，如果进行以上的活动，就能使宁静的校园一时又"动"了起来，这就是大学校园体育文化的动态性特征。

七、导向性特征

高等教育的目标是培养德、智、体、美、劳全面发展,有理想、有道德、有文化、守纪律,适应社会发展的高层次人才,这就决定了大学校园体育文化活动必须服从和服务于这个目标。因此,大学体育必须按高等教育培养合格人才的需要去建设校园体育文化,提倡科学的、健康的、文明的、高品位的体育文化活动;引导学生从自身的特点出发,大胆地开展校园体育文化活动,让他们有自我表现、自我教育、自我管理、自我提高的组织、环境、场所和体验;同时,激发大学生在体育文化活动中不断提高人文素质修养,科学地进行体育健身,树立正确的人生观、道德观、体育观,弘扬爱国主义精神,使大学校园体育文化朝着健康、文明、正确的轨道发展。

八、娱乐性特征

娱乐性特征是大学校园体育文化的一个基本鲜明的特征。一般来说,大学校园体育着重于人的身心需要和情感愿望的满足,不以高超复杂的技艺,深邃的体育哲理和深厚的体育文化素养诸条件要求参与者,而是以普遍的、自娱自乐的、消遣性的、游戏性的活动方式迎合参与对象,使他们可以在这些活动中得到直接的令人愉悦的主体情感体验。大学校园体育文化活动项目广泛而丰富多彩,有竞技、表演、休闲等项目,所有这些活动普遍带有浓厚的娱乐色彩。大学校园体育精神文化的最大魅力就在于情感体验和精神脉冲，也就是我们所说的娱乐，不同的体育项目给人的情感体验不同。大学生参与的体育活动，形式多种多样、参与人员可多可少、场地可大可小、时间可长可短、规则可松可紧，可以根据不同人群和不同性别的不同需要来选择相应的运动项目和运动形式。体育运动总是处于一种未定结果，需要不断努力，在把握时机的过程中，正是结果的不可预测性给人带来无限的刺激，产生复杂的情绪体验和感受，吸引大学生广泛参与。游戏性增加、娱乐性增强，容易达到娱乐身心，消除疲劳，扩大交往，促进友谊的目的，可以满足青年大学生的休闲娱乐需求并令其身心得到健康发展。其娱乐性的特征使大学校园体育文化自然而然地产生了巨大的吸引力，吸引广大师生的积极参与，无论在空间的广阔性，还是在时间的持久性上，体育文化的价值都是其他校园文化难以企及的。

九、复杂性特征

大学校园体育文化的复杂性主要表现在内容方面。它的四个层次内容包括大学校园体育物质文化、大学校园体育精神文化、大学校园体育制度文化和大学校园体育行为文化。具体内容涉及体育观念、体育精神、体育道德、体育风尚、体育知识、体育制度、体育规范、体育场馆设施、体育雕塑、体育服饰、体育图书音像、体育标志、体育宣传等广泛而又复杂的各方面，以及由这些方面所带来的学生体质增强、精神焕发、气质形象改变、技能提高、心理健康等多种无形的效果反映。另外，大学校园体育文化的复杂性还表现在其内部关系的冲突及其协调上。体育课内文化与体育课外文化，体育教学文化与体育群体文化和体育训练文化，大学竞技体育文化与大学业余体育活动文化等，常常会产生不同程度的摩擦与冲突。在大学校园体育文化与外部文化的冲突与矛盾中，最为突出的是：大学专业教育文化与校园体育文化的冲突，竞技体育文化以正统文化自居，严重阻碍体育文化的正常发展，这也正是目前高等教育向素质教育转轨，提高大学生人文素质水平的难点所在。

十、渗透性特征

大学校园体育文化的渗透性，是指大学校园体育精神能够发生辐射，渗透到大学生学习、生活、娱乐休闲等各项活动之中，渗透到大学生体育价值观念的形成过程中。在体育运动中始终贯穿着竞争和拼搏的精神，这种精神和意识是现代社会人的非常重要的职业素养。在发达国家中，人们就十分重视个人的体育运动经历，美国许多成名的大企业家均或多或少有过不同运动水平的体育经历。因此，我们应该积极利用体育精神来影响和引导在校大学生和大学校园体育文化的发展。大学竞技体育文化是以"竞技"为手段，以不断超越大学生生理和心理极限为内涵的一种较为独特的文化现象，它成为凝聚大学精神、展现身体魅力的重要载体。它不仅承载着社会责任感，而且还承担着社会关切，担负着唤醒、凝聚、团结大众的重任。竞技体育文化在精神、行为文化中发挥着不可替代的作用，它必然对大学生的体育价值观念产生重要的影响。另外，大学体育对社区体育和家庭体育的渗透作用也日益凸显。许多社会体育方面的专家和学者都不约而同地认为，社区体育要以社区附近的学校为中心来开展，并充分利用学校的场地器材和体育运动文化氛围。

我国社会体育的发展目前存在如下不足：其一，缺乏必要的场地、器材和设施等基本条件；其二，缺乏社会体育指导员和体育骨干；其三，缺乏健身意识和体育生活方式的养成。在相当长的一段时期内，解决该问题的主要途径还是学校体育，尤其是大学体育。首先，大学在城市中的地理分布基本位于较大的社区中心，是开展社区体育的理想场所。其次，大学校园中有受过专门训练的体育教师，他们可以在业余时间作为兼职体育指导员来为社区体育服务。最后，大学校园具有较强的开放性，能够接纳社区居民的体育运动要求，再加上大学体育本身所具有的强大的文化影响力，进而通过不同的方式渗透到校外的社会生活中，从而实现大学体育文化对社区体育和社会文化的辐射作用，进而改变社会体育现状。

十一、交叉性特征

当代大学校园文化与体育文化的分野或独立，并没有使它们放弃历史所遗留下来的两种文化并存与共有的领地——大学校园体育文化。现代大学校园体育文化通过对大学校园文化与体育文化的选择与重构，使得它有可能在不断构建自身的同时，映射出大学校园文化与体育文化的完美结合、水乳交融的理性光芒。因此说，大学校园体育文化是大学校园文化与体育文化有机结合的产物，是一个联结校园文化与体育文化的功能融合环。

十二、时尚性特征

大学校园体育文化的主体是当代大学生，而大学生是领导社会潮流的特殊群体。在 21 世纪的今天，体育成为社会人际交往、生活质量提高的重要方式，因此体育在大学校园中也成为时尚。参与健身、参与体育文化活动成为大学生休闲娱乐活动中的主体。大学生作为具有较高知识水平的群体，不仅能够接受传统的体育精神产品和物质产品，而且还能够吸收传统体育文化的精髓，创造并形成自己独特的体育文化生活。篮球、排球、足球、乒乓球、羽毛球、太极拳、游泳、健美操等健身活动开展得如火如荼，新兴的体育项目如网球、棒球、秧歌舞、拓展训练等也悄然在大学校园中兴起，并以其新颖性、刺激性、挑战性而受到普遍欢迎。传统体育项目和新兴体育项目极大地丰富了大学校园体育文化，为大学校园体育文化注入了新的生机与活力。

十三、内隐性特征

校园体育文化是以间接、内隐的方式呈现的，是通过无意的、非特定心理反应机制来影响学生的。大学生在体育文化环境中学习、生活，在不知不觉中接受体育文化信息，并受到感染、熏陶，潜移默化地实现着文化的心理积淀，并逐渐转化成为自己的行为方式。

十四、独立性特征

校园体育文化是校园里的人群共同参与体育活动所形成的一种文化，它有着特殊的主体和环境。这个主体具有较高的知识水平，在接受传统体育文化精神和物质的同时，还能主动吸取世界优秀体育文化精髓，并逐步创造发展具有特色的校园体育文化。

十五、多样性特征

校园文化的优势注定了校园体育文化的多样性，无论是体育意识文化、体育行为文化，还是体育物质文化都极为丰富多彩。以人为本，注重学生个性培养的体育教育指导思想，使个性鲜明的体育文化主体得以充分展示个体的创造性，显示其独立性和自主性，因而极大地丰富了校园体育文化生活的内容。

第三节　校园体育文化的功能

一、健身功能

大学校园体育文化之所以能增进人的健康，具有健身功能，这是因为大学校园体育文化是通过多种形式体现出来的，而体育活动是大学校园体育文化的主要形式，它在促进师生员工身心健康方面起着重要作用。首先，通过体育活动能改善和提高中枢神经系统的功能，使人头脑清醒，思维敏捷；其次，通过体育活动能促进内脏器官生长发育，塑造健美体形，从而提高人的劳动效能和运动能力；最后，通过体育活动能使人朝气蓬勃、充满活力、生活愉快、精神健康，消除意志消沉和情绪沮丧等不良情绪和心理状态，使人性格豁达，从而提高适应自然环境和社会环境的能力，提高对疾病的抵抗能力，达到延年益寿的效果。所以，良好的大学校园体育文化能有效促进师生员工身心的健康发展。

二、教育功能

校园体育文化的教育功能主要表现在它的潜移默化、耳濡目染、暗示性和渗透性。这种教育形式不同于教师教、学生学的单向为主的课堂教育，它是在具体可感的体育活动中，通过统一的规则、规范的行为、严密的组织和一些约定俗成的规定，使参与者和观赏者自觉或不自觉地接受校园体育文化的教育，并逐步内化为行为、习惯、意识的教育过程。另外，校园体育文化教育能消除某些正面教育所引起的逆反心理，收到有些正面教育所不能收到的效果。总之，校园体育文化所产生的效应，无疑会使学校成员自觉地将自己与学校融为一体，形成强烈的责任感和使命感，产生激励、进取、令人振奋、催人向上的教育力量。

三、娱乐功能

高等教育不仅要重视"教化"功能，而且要重视"教诲与娱乐"，使师生在紧张的工作学习之余，脑力、体力、心理得到放松与调适，才能适应和胜任繁重的学习和工作任务。校园体育文化在这方面起到了不可替代的作用。丰富的校园体育文化内容，不管是竞技运动项目还是休闲运动项目，不管是高水平比赛还是大众水平的练习，普遍都带有浓厚的娱乐色彩，这正迎合了大学师生员工的生理、心理特点和文化需求。在这些活动中，使师生暂时忘掉了工作和学习的烦恼，使焦虑和紧张等心理压力得到很好的缓解和释放，进而获得精神愉悦与自由，保持乐观情绪，而且还能通过这些体育文化活动达到陶冶情操、净化心灵、享受生活乐趣的目的，有利于人们的身心得以和谐、健康的发展。正如贝弗里奇在《科学研究艺术》一书中写道："娱乐和度假主要是一个个人需要的问题，但科学家如果连续工作的时间太长，就会丧失头脑的清晰和独创性。我们大多数人都需要娱乐和变换兴趣，以防止变得迟钝、呆滞和智力上的闭塞。"①

四、创造功能

体育的全部意义就在于人体的自我创造，自我发挥，创造德、智、体、美、劳全面发展的一代新人。大学校园既是体育历史文化的"储藏室""中继站"，又是实现体育文化的"加工厂""交易所"。体育教学、训练、科研和管理的各种新观点、新学说、新技术、新方法不断在这里孕育产生、创造和发展，同时又在这里传授交流、推广或转让。这种既相互冲突、排斥，又相互渗透、融合的形式，不仅是校园体育文化产生、嬗变、发展的一般规律，而且是创造灿烂光辉、多彩多姿的校园体育文化的基本途径。

五、审美功能

当代大学生推崇和追求的是现代社会快节奏的生活方式和高层次的美感享受，他们对美的追求有着更新、更全面的内容要求。校园内各种格调高雅的体育场馆及内容丰富、形式多样的体育文化活动，正满足着他们的审美需要。尤其是目前在高校校园内普遍开展的健美操等活动，

---

① W.I.B. 贝弗里奇 . 科学研究的艺术 [M]. 陈捷，译 . 太原:北岳文艺出版社，2015.

深深地吸引着广大师生员工参与其中。通过自身努力而获得的美的感受，会激起他们创造美好环境的热情和行动，同时也会对美的理解产生更深刻、更丰富的联想。

六、导向功能

大学校园体育文化是学校师生员工体育价值取向的向导，大学校园体育文化建设应体现国家和广大师生利益的一致性。大学校园体育文化的内容和形式，以及所形成的文化氛围，深刻影响学生的体育思想行为和体育生活方式。它是一种客观的、实际的环境力量，起着制约和规范人们体育行为的作用。所以，一旦形成人们的意识，就会变成一股巨大的导向力量。尤其对大学校园的青年学生来讲，他们的人生观、世界观、价值观和审美观都还处于逐步成熟阶段，特别需要正确的引导。大学校园体育文化的导向作用，主要是通过两个渠道来实现的：一是国家和学校的体育发展战略、路线、方针、政策，以及由此而产生的社会价值导向对大学师生的指导作用。大学社会化程度随着时代的发展愈加深化，因此谈大学校园体育文化离不开国家体育、教育的大环境。二是通过大学校园体育文化本身蕴含的世界观、价值观、道德观等对大学师生的潜移默化的文化影响和导向。总之，大学校园各种各样的体育文化活动、校园体育气氛、教师言行等都在无声无息地引导着学生的价值取向，对学生的体育认识的形成发挥着巨大的同化和导向力量，校园体育文化建设就是要在育人过程中建立起具有正确导向的机制。

七、凝聚功能

大学校园体育文化的凝聚功能主要体现在大学校园体育精神文化上。大学校园体育文化建设的一个重要目标，就是形成一种内求团结、活跃校园氛围，外求发展、提高大学声望的精神风貌。良好的校园体育文化环境使人身居校园，处处感到大学校园独有的魅力和生机。同学之间、师生之间，师生与大学之间，通过体育传统和文化氛围建立强烈的责任心和荣誉感，进而激发一种使人感到心情舒畅、令人振奋、催人上进的力量。将来走出校园，师生会时刻怀念、感受到学校的体育在他们成长、生活中所带来的快乐、健康和力量，进而会在一生中发扬在大学中形成的体育观念和生活方式。这种回忆会让他们为维护母校的声誉，为母校争光而努力奋斗。总之，优秀的校园体育文化具有催人奋进的凝聚力和激励作用，能激发全体师生对学校的认同感、自豪感和荣誉感，能激发广大师生员工的工作热情和学习热情，进而使学校的凝聚力得到拓展和升华。

八、激励功能

大学校园体育文化的激励功能旨在强调理解、尊重和爱护校园人，强化校园人的工作、学习动机，调动校园人的积极性、主动性和创造性，并反对把运动员或校园体育积极分子看成"运动机器"，或以"成败论英雄"。校园体育文化之所以能够在校园人中间树立起和培养共同的体育目标、价值、理想、信念，关键是它能够增强校园人的事业心和责任感，使他们保持高昂的情绪和进取精神，从而能够乐此不疲地为学校体育而奋斗。

需要唤起动机，动机引起行为，行为指向目标。激励问题也是一个不断满足需要的问题。校园体育文化把校园人置身于一个良好的心理氛围与和谐的人际关系环境之中，使他们获得精神上的需求与满足，同时也为校园人设置了体育文化享受与创造的空间，提供了体育文化活动的背景与使用体育场馆、设施、器材的机会，使校园人的体育活动兴趣得以满足，体育人生观与信念得以实现与升华。校园体育文化范围中的种种激励诱因都能激发校园人产生并维持积极的体育行为动机，为个体身体锻炼而做不懈的努力，从而使个体目标与学校体育总目标趋于一致，以发挥和完成校园体育文化的激励功能。

九、沟通功能

大学是一个相对独立的文化群体。由于传统的教学方式，学生与教师之间、教师与教师之间，师生与管理人员之间，以及专业之间、年级之间、学校之间、区域之间等都存在着明显的差异和障碍。由于现代计算机和网络技术的发展，给高等教育带来实惠的同时，也使这种障碍所造成的弊端显得越来越突出，大学校园体育文化活动则成为解决这一问题的"润滑剂"，它可以通过丰富多彩的体育活动，扩展校园内各层面群体间交往的空间，增加感情沟通的渠道，加强相互接触的机会，打开许多封闭的障碍，从而增加交往的频率，改善不和谐的人际关系，获得凝聚力和向心力等。另外，学校之间的交流，有很多时候都是通过体育竞赛和体育研讨的方式来进行，因为体育是最容易激发情感交流、价值认同和化解矛盾的介质。

十、社会化功能

随着我国市场经济的发展，高校学生面临的将是一个竞争日益激烈的社会环境，个体在求学、深造的过程中，除了获取各种社会知识和专业知识，还必须不断提高心理健康和心理素质水平。当然，要达到这一目的，需要依靠学校各课程教学与学校、社会、家庭其他教育形式的相互配合，但毋庸讳言，校园体育文化对个体社会化形成的影响是极大的。

校园体育文化中遵循的优胜劣汰的原则，公平竞争的意识，顽强拼搏的精神，创造与开拓的能力为规范的风貌，都使生活在校园体育文化中的个体有意无意地实现精神、心灵、性格的塑造，使个体与社会环境、社会要求之间实现了某种平衡和协调，达到了社会化的目的。

十一、传播功能

大学是培养高层次、应用性、创新性人才的重要基地。通过大学校园体育文化可以广泛传播体育思想，增强师生员工的体育意识，创造积极向上的体育文化氛围，指导正确的体育行为。校园体育文化的内容、形式及校园体育文化建设中所形成的文化环境与文化氛围引导师生树立"以人为本，健康第一"的观念，而良好的体育文化氛围是一种无形的力量，体现了师生共同的体育价值观。同时，各个学校的体育运动队通过校际间的体育比赛这一对外窗口，不仅展示了运动队的竞技水平和精神面貌，也可以间接地反映学校的综合实力和办学水准，无形中为学校树立了良好的社会形象，有效地提高了学校的社会声望。

十二、经济功能

校园体育文化的经济功能，以前对校园人的影响往往被忽视，现在随着市场经济的发展，其经济功能也越来越显示出它的影响力，并发挥越来越大的作用。具体体现在以下两个方面：

（一）发挥校园体育物质文化固有的作用

大学校园的体育场馆、训练设施、科研仪器，除了满足日常的教学、训练、科研的需要，课余时间也应搞"出租""转让"，既对校园人开放，又部分地向社会开放，如承办各种国内外体育比赛，接纳歌舞戏曲表演，举办展览会或展销会，播放电影、录像等活动，以提高场馆的利用率，既能为校园人提供娱乐、消遣、健身的场所，又能带来可观的经济效益。

（二）调动校园人的主观能动性

校园人可利用自身专业特点和运动技术特长，在校内外举办或联办各种类型的培训班（如健美、健美操、武术、气功、拳击、散打等培训班）或体育卫生知识讲座、体育保健营养咨询，这不但能提高校园人自身的社会价值，而且能带来一定的经济价值。

十三、心理疏导功能

心理疏导功能主要是指大学校园体育文化对大学生形成优良的个性品质和良好积极的心理状态，以及对大学生的各种压力和心理障碍的调节、疏导、释放所产生的功效。大学校园体育文化活动以其固有的刺激性、娱乐性、欢快性、体验性，丰富了大学生的精神生活，使他们在紧张的学习之余，体验到激励的情绪和迸发的躯体运动感，感到心情愉快、精力旺盛、情绪高涨，并通过大学校园体育文化的精神氛围，消除大学生心理上和情绪上的自我干扰和互相摩擦，减少内耗，协调人际关系，从而体现校园体育文化的心理疏导功能。我们在构建适应时代要求、品位高尚、内涵丰富、特色鲜明的校园体育文化时，在满足大学生各种正当、合理的体育活动需要的同时，还应充分发挥体育运动中心理的引导作用，使学生的个性心理品质、心理状态、行为规范等在渗透着优秀的校园体育文化的氛围中，得到进一步的升华。

十四、示范与辐射功能

大学校园体育文化的示范与辐射功能是指校园体育文化主体中的优秀人物以及客体中的一些标志物对其他人以至社会具有的示范、辐射作用。校园体育文化建设旨在营造一个健康向上、拼搏坚韧、活泼生动的求学与做人的环境，大学校园体育文化的营造主体——体育教师、体育标志性建筑物和雕塑、体育吉祥物、体育标准色等有形的校园体育标志对大学师生会产生潜移默化的影响，甚至是终身的影响。体育教师不仅要教书，更要育人；不仅要做到传授体育知识、技能，更要做到在教育中求真、求实、求诚、品质坚毅、情操高尚；不仅要关心学生的学业，更要指导学生提高做事、律己、交友、待人处世等方面的修养。因为好的榜样是易于效法的，能使人们受到感染和激励，因而具有强烈、深刻的教育示范与辐射作用。校园中的标志性体育雕塑等人文景观，也都对生活其中的人们产生潜移默化的教育示范、辐射作用，体育标准色指的是大学体育用一种颜色来代表学校体育的精神、形象和内涵，它在学校体育的各方面内容中均能得到体现、宣传和发扬。总而言之，大学校园体育文化可以通过体育标志、体育人物、体育宣传语、体育故事等对大学师生的体育观念、行为等产生直接的、强大的示范与辐射功能。

十五、约束与规范功能

大学为了保证正常的教学工作、生活秩序得以维护，总要制定出许多的规章制度来规范和约束人们的行为，这是有形的硬约束，依"法"治校，是十分必要的。但是这些硬约束无论多么完善，都不可能对学校的每个成员的思想、心理和行为都具有约束和规范作用，还需以"德"治校，实行软约束。大学校园体育文化作为一种无形的文化上的约束力量，形成一种行为规范来制约人们的体育文化行为，以此来弥补各类体育规章制度等硬约束的不足。它能使某种体育信念、体育价值观等在校园人的心灵深处形成一种心理定式，构造出一种响应机制，只要外部诱导信号一发生，即可得到积极的响应，并迅速转化为预期的体育行为。这种软约束等同于校园中弥漫的校园体育文化氛围、大众体育行为准则和体育道德规范、群体体育意识、社会体育舆论、共同的体育习俗和体育风尚、一致的体育目标和大学体育价值追求等精神文化的内容，就会造成一种强大的使校园人个体体育行为从众化的群众心理压力和动力，使校园人产生心理共鸣，从而产生体育行为、心理和道德的自我控制。这种有效的软约束可以减弱各种硬约束对体育文化活动中的人们的心理的冲撞，削弱在校园人中引起的那种心理抵抗力，从而在校园内达成统一、和谐和默契。这种软约束对每一个校园人都能起到明显的约束作用。校园体育文化所形成的体育纪律、体育伦理、体育道德、体育制度、体育风俗等，是师生共同创造、认可并自觉遵守的，它表现为一定的纪律性和规范性。凡是符合校园体育文化建设规范的行为，必将得到肯定和鼓励，而违背校园体育文化建设规范的行为，则会受到人们的谴责，这在大学校园体育社团建设中尤为重要。因此，校园体育文化同大学文化一样对每一位师生都具有约束力，它从体育文化活动中通过文化要素来规范着每个人的行为。

十六、心理疏导功能

心理疏导功能主要是指大学校园体育文化对大学生形成优良的个性品质和良好积极的心理状态，以及对大学生的各种压力和心理障碍的调节、疏导、释放所产生的功效。大学校园体育文化活动以其固有的刺激性、娱乐性、欢快性、体验性，丰富了大学生的精神生活，使他们在紧张的学习之余，能够体验到激励的情绪和迸发的躯体运动感，感到心情愉快、精力旺盛、情绪高涨，并通过大学校园体育文化的精神氛围，消除大学生心理上和情绪上的自我干扰和互相摩擦，减少内耗，协调人际关系，从而体现校园体育文化的心理疏导功能。我们在构建适应时代要求、品位高尚、内涵丰富、特色鲜明的校园体育文化时，在满足大学生各种正当、合理的体育活动需要的同时，还应充分发挥体育运动中心理的引导作用，使学生的个性心理品质、心理状态、行为规范等在渗透着优秀的校园体育文化的氛围中，得到进一步的升华。

总之，大学校园体育文化的功能是一个有机融合的整体，要使这些功能充分而全面地释放，取得校园体育文化整体效益的最大值，必须对其结构进行科学搭配、优化组合，确保各项功能都发挥应有的作用，以此发挥校园体育文化的整体功能。

第四节　校园体育文化的发展

一、大学校园体育文化的发展历程

我国大学经历了精英教育向大众化教育的过渡，在此过程中，大学的治学理念、管理体制、教育理论、学生培养方式、校园环境等均发生了较大的变化。大学校园体育文化也逐渐从弱势到功能彰显，从隐性到显性。本研究根据社会政治、经济和文化发展背景以及大学校园体育文化本身发展的规律特点，将改革开放以来大学校园体育文化发展分为以下四个阶段。

（一）大学校园体育文化的恢复发展阶段

20世纪70年代末80年代初这一时期的大学校园体育文化表现出自发性、无序性的特点，只是一种大学生集体精神、集体追求的外在表现。从大学生主体意义上考察，这一时期大学校园体育文化对大学生全面发展的影响作用尚不突出，校园体育文化建设的目的、内容并没有与大学生的全面发展要求相结合。

然而由于时代的局限性，社会经济发展水平较低，政治、教育均处于恢复调整改革阶段，在这一时期的大学校园体育文化相对比较贫瘠，形式单一，组织无序。

（二）大学校园体育文化的探索发展阶段

20 世纪 80 年代这一时期的大学校园体育文化处于由自发到自觉、由无序到有序的过渡时期，大学校园体育文化建设呈现探索特征。大学师生对校园体育文化组织形式、制度政策积极地进行探索，不断丰富校园体育文化形式和载体，不断挖掘、发挥校园体育文化的育人潜能。

以 1986 年"校园文化"概念的正式提出为临界点，其成为大学校园体育文化由自发到自觉、由无序到有序初步过渡的标志。"校园文化"概念被学界提出后，大学校园文化的研究呈现白热化状态，校园体育文化作为大学校园文化的重要组成部分，自然也成为研究的热点。因此，这一时期的大学校园体育文化热点纷呈，各种载体、形式日益丰富，大学师生参与热情日益高涨。但是，既然是探索时期，就难以避免走弯路，也难以避免负面文化、不良文化对大学生的影响。

从大学生主体层面来看，社会经济文化逐步繁荣与活跃激发起大学生强烈的主人翁意识、忧患意识和历史责任感。中国竞技体育的初步辉煌成绩为中国人挺直腰杆，获取政治地位的认同提供了强大的精神动力。尤其是对于具有强烈忧患意识和责任感的中国大学生们，在体育竞赛中真切地感受到了中国的力量，真切地宣泄了他们强烈的爱国主义情感。中国女排的五连冠的创举、李宁体操时代、中国羽毛球队星光璀璨、

1984 年奥运会的辉煌等事例，都说明了中国竞技体育带给大学生的一次次震撼，中国女排姑娘们体现的团结一心、勇于拼搏、顽强而永不放弃的中国体育精神让大学生们一次次流泪而呐喊。他们将这种体育精神带给他们的动力充分地融入了学习和各种形式的校园体育文化建设之中。

然而由于时代的局限性，这一时期的大学校园体育文化存在内涵不深刻、载体不丰富的缺陷，校园体育文化对大学生全面发展的作用形式还主要是大学显性学校体育活动和学生自发组织的各类小型体育文化活动。缺乏对国家一流大学经验的借鉴，缺乏对大学生文化的深入研究，大学对校园体育文化建设的重视程度、组织指导仍然由于观念上的欠缺，特别是大学校园体育文化活动没有实现与大学生主体在需求、观念、政治教育、德育等方面的有机结合，导致校园体育文化的思想政治教育功能、德育功能相对较弱，各种不良文化、负面文化伴随校园文化的发展而存在。

（三）大学校园体育文化的深入发展阶段

20 世纪 90 年代后，大学校园体育文化进入了深入发展期。这一时期的大学校园体育文化建设更加理性化、多元化、规范化。大学校园体育文化载体已经不仅仅局限于校园行为文化活动，校园体育的物质文化、精神文化、制度文化等其他载体也开始显现并被加以利用，并逐渐发挥了它们的育人作用。校园体育文化活动形式更加活泼、多样，吸引更多的大学生参与。

这一时期是中国政治经济快速改革与发展时期，科教兴国战略、社会主义市场经济体制转型使中国社会的政治、经济、文化环境发生了历史性的变化，深刻地影响了人们的世界观、人生观、价值观、道德观，以及生活方式。这种影响推动了大学校园体育文化的深入发展。从大学内部环境来看，大学开始理性思考、研究并重视体育在大学生精神熏陶、文化领悟和身体教育中的积极价值，因此大学实行积极、严格的大学体育政策。

从大学生层面来看，20世纪80年代末，作为校园体育文化主体的大学生失去了20世纪80年代大学生那种"栋梁"式的感觉，开始重新认识社会现实与个人才能之间的关系，开始真正学会用现实的眼睛来理性地思考历史，理性地思考中国国情。高等教育实行双轨制，应试教育加剧高考的压力，社会经济体制改革加强对高素质人才的需求，加剧了就业压力，这不断刺激着大学生主动成材意识、竞争意识和参与意识。大学校园体育文化为他们提供了开阔视野、增长知识、投身实践的广阔天地，这就促使他们参与校园体育文化的热情高涨，通过积极参与校园体育文化活动使个人综合素质的主动性进一步增强。班级、院系、社团、全校范围内的各类各型校园体育文化活动蓬勃开展。这反映出大学生的价值目标突破了传统的、静态的一元价值的抉择，逐步实现体育价值观的转变。然而由于大学对校园体育文化建设重要性的认识不同，支持力度不同，规划设计指导思想不一，没有实现大学校园体育文化建设的和谐化，致使当时的大学校园体育文化建设还存在很多问题，各校之间差异较大。

（四）大学校园体育文化的和谐发展阶段

经过恢复发展期、探索发展期、深入发展期，大学校园体育文化建设积累了丰富的经验，为其和谐发展、科学发展奠定了坚实的基础。大学校园体育文化无论在思想上还是在实践中，都已经成为大学培养人才的重要载体，成为促进大学生全面发展的重要途径。

21世纪以来，构建和谐社会和科学发展观成为国家发展的主导思想，社会政治、经济、文化、教育环境为大学校园体育文化的发展提供了更为有利的条件。从外部发展环境来看，国家进一步重视和发挥体育在国家政治、经济、教育、文化发展中的重要作用。

从大学内部发展环境来看，国家和高校在新时期对校园体育文化建设的主导作用更强。不少大学不再只是在口头上强调校园体育文化建设，校园体育文化建设也不再只是体育部门、学生工作部门、共青团组织的任务，而是成为学校的一项重要工作，有更多的部门参与进来，大学校园体育文化建设逐渐实现了科学化、和谐化。大学校园体育文化的形式更加丰富、规模更大、层次更高、参与主体更加多样化。总的来说，

21 世纪整个社会、教育文化环境的变化使大学校园体育文化实现了质的飞跃。

从大学生自身来看，新时期大学生的体育文化需求更趋多样化、个性化。他们面临各种机遇，也面临各种压力；他们有大干一番事业的激情，也有面对理想与现实冲突的无奈。大学生的成材意识、竞争意识、参与意识更加强烈。他们一方面可以通过参与校园体育文化来锻炼能力，提高综合素质；另一方面又可以通过参与校园体育文化活动来舒缓压力。新时期的大学生对校园体育文化的参与更加成熟，目的性更加明确，努力进取、奋勇拼搏的精神更加鲜明，参与校园体育文化活动的种类更加多样化。

二、制约大学校园体育文化发展的主要因素

制约大学校园体育文化发展的因素有许多，具体从以下几个方面进行介绍：

（一）缺乏对大学校园体育文化的文化自觉

一些大学校园体育文化逐渐萎缩甚至消失，其首要原因就是在精神上丧失了自我，缺乏对大学校园体育文化应有的文化自觉。同样，对于大学校园体育的发展而言，它首先应该是全民的一种文化的自觉，应该是全社会的一种行为。因此，文化自觉对大学校园体育文化的发展具有重大意义，是大学校园体育得以发展的前提。目前，制约大学校园体育

文化发展的原因在于我国社会普遍缺乏对大学校园体育文化的文化自觉，使师生们不能正确认识大学校园体育文化的地位、价值和作用，自然也就缺乏保护和传承大学校园体育文化的自觉意识。

（二）理论体系的不完善和不成熟

作为我国文化重要组成部分的大学校园体育文化的理论体系相对不成熟、不完善。为什么要保护大学校园体育文化，怎么保护大学校园体育文化，最后要达到什么目的，这些还不够明晰；对大学校园体育文化的调查、整理、挖掘、认定、保存、传播还不够；还没有探索出大学校园体育文化的有效传承机制及其发展和嬗变的规律。

（三）传统文化的影响和认识上的局限性

传统文化的影响和认识上的局限性是制约大学校园体育文化建设的主观因素。不论从我国传统文化发展进程还是从学校体育发展的历史来看，"重文轻武"都是我国社会普遍存在的一种现象，而应试教育的价值取向，从一定程度上又加深了对这一观念的认同，为这一观念提供了滋生的土壤，因此出现了国家部委重视而基层忽视的尴尬局面。这一局限性认识的结果，是对大学校园体育文化形式上的重视，而忽略了隐性的体育精神文化的建构和体育制度文化的建设，这一局限认识也导致了对体育文化建设的困难性、长期性估计的不足，从而使大学校园体育文化建设难以向纵深、高层次方向发展，最终导致了大学校园体育文化功能的弱化和简单化。

（四）经济基础薄弱和师资力量匮乏

经济基础薄弱和师资力量匮乏是制约大学体育文化建设的客观因素。校园体育文化属于上层建筑范畴，经济基础决定着高校校园体育文化建设的总体水平。校园物质文化建设是校园体育文化建设的基础和前提。但由于历史等原因，在计划经济体制下，国家对教育经费的投入长期得不到满足，导致大学体育基础设施建设，在经费的使用上常常捉襟见肘。大学的体育经费仅够维持体育教学的基本开支，难以对体育文化建设所需的硬件设施、硬件环境和物质条件做出较大的投入和进一步的满足。

体育师资力量的强弱将直接关系到校园体育文化建设的质量。目前大学体育教师队伍仍存在不少问题，还较难以满足现代社会对高校体育教师所提出的要求。主要表现在：一是受传统的"体质教育观""技术教育观""竞技教育观"等教育思想的影响，部分教师对体育目标的理解"狭隘化"和"低层次化"，从而造成了他们对体育文化建设的忽视。二是体育教师"二次学习"的机会不多，故而因循守旧，缺乏创新精神，缺乏科研意识，业务素质和文化修养未能同步发展，难以跟上现代教育思想发展的步伐，从而造成了他们对校园体育文化建设的漠视。三是部分体育教师受商品社会不良思想的侵蚀，未能真正树立爱岗敬业和无私奉献的精神，从而造成了对校园体育文化建设的轻视。体育师资队伍建设是一个长期的系统工程，它的周期要比体育基础设施建设长得多，难度大得多，因此加强大学体育师资队伍建设仍然是一个不容忽视的问题。

三、大学校园体育文化的发展策略

（一）加强校园体育制度文化层建设

高校体育制度文化层是联系体育精神文化层和体育物质文化层的中间层面。高校要构建自己的学校体育文化，就要认真贯彻落实各项体育法规，改进管理理念和管理手段，并根据学校的具体情况，因地制宜地制定相关的政策和实施办法，只有这样才能使高校校园体育文化具有强大的生命力和鲜明的时代特色。要从优化高校的体育教学，优化体育教学内容和优化体育教学方法、手段入手，大力推广"问题教学""发现教学""游戏教学""兴趣教学"等新方法，同时，利用现代化的教学手段以优化高校的体育教学，形成国内特色的公共体育教学模式。

（二）加强校园体育物质文化层建设

高校校园体育物质文化层是高校体育文化建设的基础。一所高校的体育场馆及内部的器械布置，体育建筑的风格，学校所处的地域构成了校园体育物质文化层。各高校应把校园体育物质文化层建设纳入体育文化建设的整体规划中，使校园体育文化建设成为软硬件相统一，人文与自然相和谐的有机整体。要提高场馆的使用率，加大开放的力度，延长开放时间，努力实现场馆资源的有效配置。做到校园体育物质建设既要讲究实用，更要讲究美观和谐，倾注人文关怀，提升文化品位，凸显个性特色，激活审美张力，注意层次性，做到有面有点，点面结合，提高校园体育文化的品位。

（三）加强体育文化基础理论建设

1.体育的规范性成分

体育的规范性成分，也就是一个民族或国家在长期的体育活动，包括体育研究与发展过程中形成的规范，它对于体育研究与发展具有一定的制约作用，以保证体育沿着确定的方向发展，包括体育文化的继承与创新，都必须在一定的规范下进行工作，以获得主流体育的认同。事实上，任何一种文化的发展，都离不开传统，都是在一定的传统指导下的继承与发展。所以，应该认真研究我国体育的传统规范，包括传统体育与现代体育的规范，认真总结经验与教训，保留其优秀、合理的成分，包括研究的方法与活动的规范等，同时剔除其糟粕与不合理的成分，在继承的基础上发展。

2.体育的启发性成分

体育的启发性成分，也就是在各种文化与各种社会活动的启发下，或在国际体育交流、冲突与碰撞、融汇过程中受到的启发，促进体育新的发展。应该积极吸收各种文化，包括中国传统文化与西方文化的优秀成分，并在它们的启发下对体育文化进行创新。在传统基础上的创新是中国传统体育走向繁荣的正确道路。

3. 体育的文化价值

关于体育的文化价值，更应该关心的是体育与社会文化的互动，以及体育在人的发展过程中对人的精神与思想所起到的潜移默化的"养成"作用。例如，作为一种文化，体育在建设国家文化软实力方面就具有非常重要的作用。体育与政治、经济、科技、社会、理性等有着千丝万缕的联系，互相促进，特别是随着社会经济的发展，人们的余暇时间越来越多，文化的发展就越具有重要意义。而体育文化现在已经是一种主流社会文化，特别受到青少年的喜爱。所以，必须加强体育文化价值的研究。

（四）强化体育文化传媒功能

大学校园体育文化的传播因为认识、传统、技术等多方面的原因，远远落后于大学校园体育文化的实际发展。所以，强化大学校园体育文化传媒功能，构建大学校园体育文化传媒平台就成为大学校园体育文化发展的战略任务。

1. 以"和而不同"为大学校园体育文化传播的指导思想

跨文化传播必然是双向互动的，而跨文化传播成功的关键就在于传授双方有多少"共同的意义空间"。在目前大学校园体育文化"软实力"还不适应我国体育发展、传统体育文化很少被国际上认知的背景下，除了提高大学校园体育文化的"强实力"，还应该制定出适合大学校园体育文化传播的指导思想。由此，我国传统哲学中处理各种不同关系的"和而不同"原则就应该成为大学校园体育文化传播的指导性思想。就是说，在大学校园体育文化的传播过程中，既不应该完全接受西方体育文化，也不应该过分强调"体育本土化"，而是应该坚持文化的多元融合。在体育文化的传播过程中，首先应通过在两种不同的体育价值观念与文化体系中寻找彼此之间的交汇点，并由此出发努力扩大中西体育文化的"共同认识空间"，并通过塑造我国体育的正面形象来构筑中西体育的"共同意义空间"，从而使得体育文化传媒是有效的。

2. 以"协商竞争"为大学校园体育文化传播的基本态度

一般来说，人们应对跨文化冲突的文化取向有以下五种：回避、让步、妥协、竞争和协商。竞争与协商也是最能体现"和而不同"思想的一种态度。所以，在大学校园体育文化的传播中，应该充分利用西方文化传统中这一有利因素，与西方体育文化展开舆论上的竞争与辩论。另外，"文化之间的冲突不一定只带来冲突，相反，文化的多样性可以使得不同国家的人们相互借鉴对方的文化，文化的差异性也恰恰决定了文化之间的可交流传递性，将跨文化冲突公开化反而有助于实现自己的愿望"。

"要充分利用跨文化冲突中的矛盾性和对抗性对世界传媒具有的天然吸引力，坚持自己的信念和原则，在直面跨文化矛盾中旗帜鲜明地进行争论和澄清，向西方展示我们自我言说的权利和能力，让西方听到我们自己的声音"，从而将矛盾转化为大学校园体育文化的传播机遇。协商是指以商讨和加强信息沟通的方式，来增进双方的相互了解程度，使跨文化冲突得以解决。所以，应该加强对这些体育文化的研究与创新，并大胆地进行竞争，必能取得好的效果。在这里，一是要注意突破过去的以意识形态划界的做法，只与和我们关系友好的国家交往，而不与其他国家交往或交往较少；二是要注意突破"谁得罪过我，谁反驳过我，我就反对谁"的思维模式，积极主动地与西方媒体交往，大胆地进行协商与竞争，宣传我们的体育价值观与体育文化，在辩论中明是非，在辩论中交朋友，在协商中寻机会，促发展。

3. 以积极主动的姿态进行大学校园体育文化的传播

我们应该以开放的态度积极主动地与西方媒体打交道，为大学校园体育文化争取更多的话语权。对于中国传统体育文化，要积极研究其容易为西方人接受的方式，在保持其文化精髓的前提下尽量以西方人容易理解的方式进行编排与创新，并以尽可能翔实的文化材料提供给西方，全面向西方展示中国的传统体育文化，扩大影响。在体育文化的传播过程中，一定要采取积极主动的态度，绝不能被动挨打，既不能被动抵制西方体育文化的传播，也不能仅仅是碰到别人对我们的诘难才去说明，更不能采取完全倾向于西方体育文化的态度。另外，要对所有的体育运动员与体育官员、体育工作者进行体育文化传播的培训，一方面要求他们树立中国体育人的正面形象，树立中国体育文化的正面形象；另一方面，利用他们在国际体育活动中的机会积极传播中国体育文化。

4. 积极建立大学校园体育文化传播平台

2008 年北京奥运会，大学校园体育文化的传播就是一次成功的尝试。应该借鉴北京奥运会的传播经验，并学习与借鉴外国的体育传播的经验与教训，建立一个国家级乃至世界级的体育文化传播平台。当然，也可以吸引或与国外的传媒机构合作，以交流与合作的方式进行相互传播。目前，大学校园体育文化的传媒更多的是转播西方体育赛事，而对中国体育活动传播不多，而传统体育的传播则更少，基本上可以说是忘记了中国体育传媒的主要职责。必须花大力气纠正这一现象，逐渐地使中国传媒工具成为中国体育文化传播的主战场。

（五）强化大学校园体育文化体系建设

体育文化的发展，必须有一个和谐的文化体系与发展模式。大学校园体育文化要实现转型，减少文化冲突，就必须对体育文化的各团体文化进行合理的定位，这也是文化体系建设的一个必要部分。

所谓的以学校体育文化为基础，就是要加强学校体育文化教育，使得所有学生不仅在体育活动中打好身体基础，而且要养成积极参加体育活动的好习惯，熟练掌握基本的体育活动技巧，并形成一到两个体育项目特长，使得他们在走入社会后不仅是体育活动的积极参与者，而且能成为体育活动的带头人、指导者。同时，要在学生中，特别是中小学生中发现好的体育苗子，经过培养后能够成为竞技体育或商业体育人才。这里要注意的是，应逐渐地改变依靠各级体校培养体育人才的思路，转变为以学校体育为主，包括专业体育人才的培养基地。这样可以避免由于运动员过早地从事体育活动而耽误了知识学习的缺陷，使得运动员退役后能够与其他学生一样很快适应社会。要向西方学习，发展学校体育俱乐部。学校体育活动一方面要通过立法来保证，另一方面也要通过宣传让广大教育工作者与家长意识到学校体育教育的重要性，自觉督促学生参与体育活动，而不是拖后腿，使反劲。

第五节　校园体育精神

随着我国体育改革的不断深入和素质教育、健康教育的全面推进，学校体育改革必将反映时代的特征。现代教育理念让学校体育的含义一改过去单纯的生物学意义，正以一种文化传播的形式向社会学意义广泛地延伸，使学校重视校园体育文化的建设，搭建更多可对学生进行人文熏陶和人格塑造的平台和载体。体育精神是校园体育文化的重要内容，是学校体育的灵魂和核心。它在把校园体育文化中最具人文意义的体育精神用于具有思想意义的体育教育的同时，也能促进学生对体育的了解、参与和享受。

体育运动引入校园并形成一种文化现象，是与学校教育功能紧密相连的。校园体育文化是学校文化系统中一个重要的亚文化部分，其核心是学生的体育价值观，它集中地体现在一所学校的运动哲学和体育口号之中。

一、校园体育精神的概念

校园体育文化是指体育文化在校园这个特定时空环境中的存在形态和发展方式。校园体育精神是指在一定的社会发展阶段中，校园体育文化与社会主流文化、意识形态、价值观念不断冲突、融合，经过沉淀和提炼出来的具有校园特征，反映校园体育文化的行为准则、价值观念和意识形态的总和。校园体育精神包括学校、班级气氛中形成的良好体育传统与风气，领导者的体育风格，体育教育理念，体育教师的人格魅力，体育教育中的心理气氛等。校园体育精神反映了深层次的体育思想观念，是大多数人认可并遵循的体育价值取向和信念。校园体育精神的载体直接影响着主体的精神状态和体育观念，以及学校的体育指导思想和体育教学管理。它具有极强的渗透力，弥漫和渗透在整个校园的各种环境因素与群体之中，形成一种浓厚的体育精神氛围，赋予学校和教育特有的个性魅力。

二、校园体育文化与体育精神的关系

校园体育文化是指在校园环境中，以促进学生的身心全面发展为目标、以身体练习为手段、以各类体育知识为主要内容的物质和精神成果的总和，是高校师生进行各种体育活动过程中所形成的环境和氛围。其核心是使学生养成良好的体育精神和体育意识。校园体育文化的价值取向与校园文化所依托的价值体系相通，是以师生共同参与的体育活动为主要内容的文化反映。它们因一定的文化所形成的精神氛围和物质环境而产生潜移默化的教育作用，并逐渐将他们同化为群体中的一分子。

校园体育文化按照文化要素的不同，可分为校园体育物质文化和校园体育精神文化。校园体育物质文化是学校体育发展过程中积累下来的外在物化形式的统称，它是校园体育文化建设的客观物质保障，是校园体育精神文化赖以生存和发展的基础和载体。校园体育精神文化是在校园中由师生长期创造的特定的精神财富和文化氛围，是校园体育文化建设的灵魂和核心。其主要内容包括体育思想观念、价值取向、精神理念、道德风尚、实践能力和审美观念等。校园体育物质文化是校园体育文化建设不可缺少的物质条件，是校园体育文化发达程度的外在表现。但是，影响学生身心全面发展的关键是精神文化，校园体育文化建设的重点在于校园体育精神文化建设。

三、校园体育精神培育的教育价值

校园体育精神文化是校园文化的重要内容，从价值观上看，主要反映在校园体育精神上。校园体育精神是校园体育的灵魂与核心，其先进性是为学校的发展和进步提供"精神动力和智力支持"。校园体育的行为准则、价值观念和意识形态是影响校园体育文化开展和校风、学风建设的价值评价和选择。因此，高等学校既要抓校园硬件设施的建设，又要重视校园体育文化的发展和培育；既要有严谨务实的教学工作，又要有生动活泼、丰富多彩、健康向上的体育活动。既要紧密结合新的实践和时代的要求，又要结合校园体育文化生活的需要，积极推进体育文化的创新，努力繁荣先进体育文化，力求以富有特色的校园体育精神构筑校园文化的主旋律。

四、校园体育精神培育的主要作用

校园体育精神的功能是指校园体育精神在校园文化建设中发挥的有利作用，具体表现在以下几个方面。

1. 娱乐导向作用

任何一种校园体育活动，如果失去其精神作为内在的支柱，那么学生参加校园体育活动就如行尸走肉，对体育就失去了思考，校园体育文化建设就像无头苍蝇一样毫无方向。校园体育精神实质上所体现的是关于学生及教职员工的体育价值观念，而这种体育价值观念就是推动他们参加体育活动的原动力。因此某种先进的校园体育精神，必然会对全校师生的体育行为产生极大的导向作用，形成一种强大的校园体育氛围。

2. 激励作用

努力付出就能得到相应的回报，这能使每个人产生一种成就感，这种成就感便能激励他们不断地去耕耘、不断地去创造，而校园体育精神最能体现出一分耕耘、一分收获的成就感。人们在经过平时刻苦的训练、比赛的顽强拼搏后终于取得理想的成绩，他们懂得了任何一件事情只要肯付出就会有回报。无疑，校园体育精神是一种巨大的激励因素，成为学校发展的一种潜在力量，它推动着人们积极进取、战胜困难、开拓创新、公平竞争、夺取胜利，尤其是在学校遇到困难时，它更会给人们以信念支撑，成为人们摆脱困难、追求理想、追求发展的力量源泉和动力支持。

3. 社会辐射作用

当校园体育精神通过某种渠道延伸到社会的时候，它便有了社会辐射的功能。如学校向社会宣传体育精神，为社区提供运动场所，学生走出校园为社会体育服务等都是校园体育精神外延的表现。它为社会提供了服务，也使得校园体育精神不再局限于学校特定环境下生长和繁衍，开始向社会外延。同时，因为校园体育精神的这种外延辐射功能才使得学校与社会相融合，才能达到共同发展、共同进步的目的。

4. 群体凝聚作用

学生在平时的生活中原本是分散的群体，他们来自不同的地方，受到不同传统文化的教育，有着不同的家庭背景，来到学校以后仍然把自己封闭于原来的生活状态。此时，作为团结向上的校园体育精神，是学校师生共同创造和普遍认同的价值观念，它具有无形的凝聚力和感召力。在校园体育精神的熏陶下，学生们开始拥有共同的理想，新的价值观念、道德情操和行为规范，从而彼此之间产生强烈的认同感，进而升华和强化为强烈的校园归属感、责任感和荣誉感。

五、校园体育精神文化的内涵

校园体育精神文化是指一定历史阶段，在校园体育文化建设中积淀、整合和提炼出来的，反映校园体育文化的行为准则、价值观念和意识的总和，是校园人的体育精神生活方式和意识形态的反映。体育精神是体育教育的重要窗口，在高校文化建设中，体育精神文化是不可缺少的内容。校园体育精神包括个人精神和集体精神。对个人来说，体育精神是一种兴奋剂，有助于人的身心健康和快乐。随着现代人对物质生活和精神生活需求的不断增加，具有多种功能属性的体育精神进入现代生活中，这会给个人的生活带来极大的充实、满足、幸福和自我实现感，对身心健康起到积极的作用。从集体的角度来看，体育交往能促进团结，体育精神能增进了解和友谊，提高凝聚力和战斗力，鼓舞士气，振奋民族精神和团队精神。

六、校园体育精神的主要内容

（一）公平竞争精神

学校是培养社会人才的后备"基地"，也就是说学校育人的方向是根据社会需求而定的。在当今市场经济的社会体制下，"竞争"是最突出的社会表现。而校园体育精神最能体现出公平竞争的精神。校园体育精神是给体育精神加上一个特定的校园环境，因此，它的公平竞争精神的本质没有变。校园体育竞赛本着公平、公正、公开的原则进行，在此原则下每个人公平参与比赛，每个参赛的选手都能享受到公平比赛所带来的快乐。因此，整个校园被这股公平竞争、公正判决、公开比赛的风气熏陶着，使得学生在生活中养成一种公平竞争的意识。公正诚实是道德的底线，服从规则是制度的要求。体育运动的竞争必须是公平的竞争、公正的竞赛。竞技赛场的实质就是人类对体育道德的追求和法律面前人人平等美好理想的向往，它蕴含着人类以公正、平等、正义为主要内容的社会理想。在古希腊，通过公平比赛荣获冠军的勇士，会受到公众的尊敬，其名字会被镌刻在花岗岩石碑上，为后人永久传颂；而弄虚作假者的名字会被公布于众，同样留在石碑上遗臭万年。古希腊奥运会正是通过这种朴素而充满精神意味的方式来实现体育的教育价值和人文价值。在现代体育比赛中，如果企图以不正当手段窃取荣誉，也将受到舆论的谴责乃至严厉制裁。如在 2006 年的世界杯足球比赛中，意大利队虽然为自己的祖国赢得了大力神杯，但回国后，作为主力的尤文图斯队仍然因假球丑闻而受到了降级处罚。

体育竞技是以公开竞争为前提的，但竞争又不是无序的和盲目的。现代社会的发展使得仅靠道德的力量不足以维护公平竞争的秩序，更需要有严格的规范。因此要求所有的竞争都有严格的制度，所有参加者都拥有平等的权利，每项竞赛都有细致而严格的评判标准，场地、器材有统一的要求，使双方在公平的条件下进行技术、战术、体能、智慧及心理素质的综合较量，只有这样才能体现对人的尊重和人人拥有平等权利的体育价值观。对运动员来说，在参赛时服从规则，在竞赛中服从裁判，既是制度的要求，也是文明的表现。体育作为一种教育，最重要的功能或许并不是激励人们怎样去争取赢，而是怎样对待输，怎样尊重对手。美国通用电气公司总裁韦尔奇少年时曾是冰球队员，有一次输球后正在垂头丧气、无精打采时，被他母亲发现了。母亲严厉地告诉他："你需要的是学会做一个体面的失败者。"韦尔奇到晚年仍深有感触地说，母亲告诉他怎样面对失败是给了他一生最好的教育。

（二）顽强拼搏精神

拼搏精神在当今社会必不可少。在竞争激烈的社会中，每件事情的成功都必须付出一定的努力，就如在求学的道路上必须克服一道道难题、坚强面对种种挫折一样。校园体育弘扬顽强拼搏的精神，让学生养成对真理的执着追求、对目标的坚定奋斗、克服困难的坚强意志和良好的心理素质。激烈竞争是体育的魅力，顽强进取是体育的灵魂。竞争是体育运动的基本形式，人类正是在体育竞争中发展了向极限挑战并不断超越自己和他人的进取精神。奥林匹克的格言是："更快、更高、更强。"它不仅表现在竞技运动中要不畏强手，敢于胜利，而且鼓励人们在生活和工作中不甘于平庸，朝气蓬勃，超越自我，为高尚的事业将自己的潜能发挥到极限。在讲求实惠、追求实用的人类社会中，体育运动有助于唤起人们的主体意识，激发人们不甘沉沦、自我完善的奋斗精神。在学校教育中，竞技体育则能培养学生的忠诚、勇气、合作精神，能够引导他们在任何艰难困苦的条件下都尽自己最大的努力，同时又要懂得自我控制、遵守规则、公平竞争、维护荣誉和尊严。

（三）爱国主义、集体主义精神

爱国主义、集体主义精神一直是我国精神文明建设的主旋律，校园体育活动作为校园文化建设的一部分，弘扬我国精神文明的主旋律是必不可少的。校园体育精神倡导个性的张扬与集体的配合相结合。为完成共同的目标，学生一方面展示个性特征和个人才能，另一方面互相支持，相互配合，团结协作，这是集体主义精神的体现。同时，校园体育活动中的升国旗、唱国歌、组织观看国家的比赛、为我国的运动健儿呐喊助威等本身就是爱国主义教育的形式。而且，学生作为建设祖国的后备力量，爱国主义、集体主义精神是每个学生必须具备的。所以，无论现在还是将来，爱国主义、集体主义精神都是校园体育精神的重要内容。

（四）开放创新精神

实施素质教育就是要以培养学生的创新精神和实践能力为重点，而校园体育文化环境更适合培养学生的开放创新能力。因为相比于其他的文体活动，校园体育活动更具有学生自主的发展空间，它要求以公平竞争为原则，学生三五成群，在一个不需要太大的场地上便可以组织体育比赛。同时，为了能丰富比赛的内容，学生必须不断对内容进行创新，不断地研究新的战术以便战胜对手，从而使得学生在这一过程中形成开放创新的精神。

（五）体育道德精神

学生离开家庭接触的第一环境个就是学校，学生从步入校园的第一天起，就开始不断被灌入新的知识。在体育知识方面，学生从小学游戏活动开始对体育活动有了朦胧的认识，然后随着知识的增长对体育精神有了充分的认识。同时，学生在学习的过程中不断地参与实践活动，开始懂得如何通过体育进行人际沟通，懂得如何去尊重对手，也开始明白"友谊第一，比赛第二"的体育道德精神。可以说，人们对体育道德精神的培养是从学校开始萌芽和成长的。因此，学校体育给予了体育道德精神一个良好的空间。

第三章　我国高校体育文化教育

第一节　高校体育文化教育的内涵和方式

为了培养出适应 21 世纪需要的合格人才，我国政府对教育事业的发展做出了顶层设计，1999 年，中共中央、国务院颁布了《关于深化教育改革全面推进素质教育的决定》，把"加强学生的心理健康教育，培养学生坚忍不拔的意志、艰苦奋斗的精神，增强青少年适应社会生活的能力"作为一项重要的教育使命。高校体育文化教育正是这一教育使命的鲜明体现。因此，我们要树立正确的教育理念，发挥好高校体育文化教育的功能，用它来塑造人、服务人。作为高校体育教育的主要目标——高校体育文化教育对正确的体育教育观的树立起到关键作用。

一、文化和体育文化

人们对文化的研究总会因时代和地域的不同而有所侧重，但是不管基于什么角度去研究文化，都是围绕人和文化这个中心进行的。体育作为人们身体活动的方式，虽然是生理上的自然属性，但是当这种活动与社会关系体系产生关联的时候，它就需要履行一定的社会职能并被各种各样的人类活动利用，因此，体育具有文化性，体育文化也应运而生。

（一）什么是体育文化

我国的一些研究者基于不同的角度对体育文化的含义做出了界定。根据文化的概念，曲宗湖等是这样定义体育文化的：体育文化是人类在社会活动、体育生活中所形成的身体活动方式、生活方式，以及所创造的物质产品、精神产品，体现人类身体教育智慧和身体练习实践能力的总和。[①]体育文化涵盖了人类与体育运动的物质、制度、精神文化相关的一切活动，包括人类的体育认识、体育情感、体育价值、体育理想、体育道德、体育制度、体育物质条件等。值得注意的是，我们一定不能把体育文化和体育运动混为一谈。体育文化有以下四个层面的意义：首先，我们不能把简单的身体活动等同于体育运动，体育运动的本质是一种文化现象；其次，体育活动是基于一定的文化背景产生的，我们需要对它背后的文化背景进行深入的研究和探讨；再次，人们研究体育运动和文化之间的关系及体育运动的文化意义是为了更好地确立人类文化大系统中体育所占据的地位；最后，塑造拥有独立形态价值的体育文化是全人类所要努力追求的目标。作为整个人类文化系统中的一个系统——体育文化由于所处的历史时期、地域的社会文化形态的不同，其自身的形态

---

① 曲宗湖，杨文轩．现代社会与学校体育 [M]．北京：人民体育出版社，1999.

也是不同的。体育和其他社会文化存在着既横向、又纵向的联系，随着社会发展水平的不断提高，它们之间的联系也越来越紧密。一言以蔽之，当社会发生变迁的时候，生产力水平、民族风格、传统文化中或积极或消极的因素都对体育的发展产生了不同程度的影响，而人类的精神世界、审美意识、价值观念、创造能力、生活方式也同样受到了体育运动的影响。体育在文化中所实践的根本物质产品是完善发展起来的人的身体，体育在文化中表现出的最高精神产品是人的智慧，人类通过参与体育运动所塑造的活跃人体，在物质与精神综合的文化意义上的集中表现便是美。①

（二）文化和体育文化有什么关系

文化就是通过某个民族的活动而表现出来的一种思维和行动方式。我们之所以把体育称为一种文化，其原因有四个。首先，人类创造了体育运动，它是人类后天习得的，而不是遗传性的身体活动。体育运动与动物本能的肢体活动和嬉戏不同，是人类思维方式的表达和传递。因此，我们可以认为体育的产生具有文化意义。其次，正如我们之前讲到的，体育运动有着文化的所有特质。除了外在的身体活动形式，以及设施、器材等物态体系，体育运动还具有内在的价值观念、意识形态、行为规范等心理历程，以及心物结合的中间层次的内容。再次，体育是通过人

① 唐士敏，郭舰洋.普通高校体育文化教育的内涵与方式 [J].体育世界·学术，2015(8)：43-44.

类自身的活动来改变人的自然属性和社会属性，以达到转变自然价值和社会价值的目的。体育成为社会上层建筑的一部分，早已超过了物质文化体系。最后，文化的时代性、世界性、阶级性、民族性、继承性等都反映在了体育运动的发展历程中。我们如果只从体育所具有的生物效能和社会价值的角度来看，体育活动只是开发和利用人类自身潜力的过程。但是如果从文化的角度来看，体育早已超越了开发和释放人类生物能量、生物极限的范畴。体育作为一种人类文化现象，在传递文化的过程中，在人类自我的个体生理环境、心理环境，乃至社会群体的生理环境、心理环境中，在不断地、永恒地创造和赋予新的意义和价值。它对于人的思维方式、价值观念、行为特点和情感方式的影响，有着不可忽视的作用。人类自身价值和社会价值的发展通过体育实现了完美结合。

二、如何正确理解高校体育文化教育

培养人的全面发展、传播文化思想是我国高校教育的目的。除了体现教育目的，高校体育文化教育还有自身的特殊意义，即发扬现代体育精神。

（一）高校体育文化教育是素质教育一项不可或缺的内容

作为国家的宝贵财富，大学生是推动国家政治、经济、文化发展和科技进步的一股永不枯竭的动力，而身心健康则是人们综合素质的重要组成部分，为其走向成功奠定了基础。因此，大学生的身心健康在一定程度上反映了国家综合国力的强弱，关系到国家建设的成败，也是民族兴旺发达的重要标志。体育既是哲学思维也是理性的思考，大学生参加体育活动可以帮助他们更好地认识自我，不断地完善自我，达到自我教育的目的。大学生在正确地认识自我的基础之上，便会主动地对自身不正确的认识和行为进行改正，努力培养和提高当今社会需要的心理品质和各种能力，以适应社会发展的需要，为今后步入社会打下坚实的基础。大学生参加各种体育运动，能够帮助他们培养优良的品质，如勇敢顽强、吃苦耐劳、坚持不懈，克服畏惧困难、不思进取的不良思想，以积极乐观的心态融入集体之中，热爱集体、热爱祖国，勤于动脑、冷静沉着、谦虚好学，最终形成健康向上、阳光乐观的心理状态。高校实施体育文化教育能够促进学生参与体育运动、传播体育精神，他们将在这种体育氛围的熏陶下发挥自我创造性，自主地融入体育世界里，从而达到高校教书育人的目的，同时深化了以人为本和终身体育的思想的灌输。

（二）高校体育文化教育对终身体育的形成和发展具有促进作用

终身体育体现了体育素质教育的核心思想，使学生在学习敏感期和世界观形成期间，接受体育思想、继承健身文化是体育教育的主要任务。我国的教育应该积极倡导终身体育的理念。体育文化教育是高校教育的重要组成部分，学生终身体育理念的基础来自高校体育文化教育。培养学生的运动兴趣和运动习惯，以及参与体育运动的意识是有助于学生的自主学习和终身坚持锻炼的前提条件。高校体育文化教育培养和发展学生学习的主体积极性和从事体育活动的能力，是让他们在学校阶段就能够掌握"一技之长"，养成终身体育锻炼的习惯和具有终身体育锻炼的意识。充分认识体育的价值，即体育无处不在，能给自身的生活带来无穷无尽的快乐。高校通过体育文化教育为学生创造了一种健康向上的文化氛围，使他们置身于良好的体育环境之中，对他们的终身体育意识、体育习惯和体育能力起到潜移默化的培养和发展作用。

三、高校体育文化教育的路径

"身体的教育"是我国几十年来高校体育课程的基本性质，为的是增强学生的体质。但是，随着人们对体育教育认识的不断深入，高校体育课程的性质也应该体现出广义的文化教育。新时期，高校体育教育应该从身体教育转向文化教育。体育文化的传播就是大力弘扬符合社会发展的人文精神。高校体育文化是维系学校团体的一种精神力量，在培育校园精神、促进精神文明建设、营造高校人文气息和人文氛围中起到了极其重要的作用。因此，我们要利用好体育文化资源，秉持着以人为本的理念，鼓励广大学生积极参与高校体育文化活动，让他们充分地了解社会、接触社会，培养他们团结协作、顽强拼搏、勇于进取、尊重事实、崇尚理性的意志品质和思维意识，使素质教育真正地在高校得以落实和发展。

（一）体育文化教育应该和校园体育文化结合起来

校园体育文化是体育文化的一种亚文化形态，是指在校园环境中，以学生为主体，以教师为主导，以促进学生身心全面发展为目标，以身体练习为手段，以各类体育知识为主要内容的物质和精神成果的总和。[①]校园体育文化的教育形式是丰富多彩的，是任何其他的教育方法无法取代的。校园体育文化除了能够使学生自主锻炼的热情被激发起来，还能够促进他们的个性发展，使他们的独立性、自主性、创造性，以及良好的道德品质和道德风尚得到培养，在体育锻炼的过程中体验体育给他们带来的超越感、集体感、成就感，不断提高感受美、欣赏美、创造美的能力，塑造美的人格和心灵。校园体育文化的教育功能比较强大，它同我们平时的体育教学过程有着很大的区别。校园体育文化并不是通过强制性的手段让学生接受体育教育，而是让他们在一种体育文化的氛围中体验体育的魅力，对体育知识和体育技能进行宣传，使周围的同学感受到他们的快乐和进步，并激发他们积极参与体育活动的意识。校园体育文化这种环境文化能够在潜移默化中对学生进行体育文化教育，深刻地理解体育，提高对体育的认知，将养成体育锻炼的习惯付诸行动，促使他们终身体育锻炼意识的形成与培养。

---

① 于华.试论我国校园体育文化 [J].体育科技，2016(1)：34-36.

（二）体育文化教育在课堂教学中的体现

我国高校体育教学一直秉持西方体育文化为主导的竞技体育理念，即追求"更高、更快、更强"，倡导个性自由，崇尚个人竞争，主张通过身体运动增强体质，以促进身体的健康，强调塑造外形，缺乏意识的培养，忽视对学生爱国主义教育和思想品德教育，有时则流于形式，无法激起学生的学习兴趣。高校体育教学应注重学生体育文化教育，把体育文化看作一种思维方式、行为方式、生活方式教给学生，培养他们的体育意识并树立正确的体育观。例如，笔者在教授学生传统武术的课堂上经常通过讲解武术的基本动作提高学生的身体素质和机体运动能力，通过演练和领悟武术套路提高他们的智力。学生通过学习武术的基本动作和套路、在练习和体悟中不断促进自身智力的发展，使获取和掌握知识的能力得到提高，在感受我国传统文化的同时，还提升了科学文化素质。高校体育教师作为大学校园体育文化教育的组织者和指导者，在增强学生体质的同时，还应考虑道德精神的注入，有意识地引导学生崇尚审美，逐步提升体育文化素养。

（三）体育文化教育在课外体育活动中的体现

随着社会的发展，体育已经进入了现代人的生活，成为我们文化生活不可或缺的一部分。大学生作为高校体育文化参与的主体，正处于最活跃又最富有朝气的青年时期，具有较高的文化层次。他们有丰富的想象力和较高的鉴赏力，同时又有较强的自我表现能力和强烈的表现愿望。

因此，在学生进行课外体育活动的时候，要有专业的体育教师对他们进行指导，使学生了解自己从事运动项目的技术特点和相关的体育知识。课外体育活动不同于课堂体育教学，强调的是学生在自由的情境中从事体育活动，领略运动带来的身心俱佳的体验。

体育文化对人的影响既看得见，又看不见。看得见的是体育文化的内容利于形式的不断变革、充实和发展，给人们的直接"作用力"的影响；看不见的是体育文化能够潜移默化地渗入人们的思想和思维理念当中，从而固化和规范人们的行为。因此，要把体育文化教育同校园体育文化有机地结合，在课堂体育教学和课外体育活动中进行体育文化教育，把体育文化教育作为高校体育教育的突破口，以适应新时期"大教育"体系的需要，真正为培养适应现代社会生活的人服务。

第二节　高校体育文化教育如何做到"三位一体"

新时期，如何让高校体育教育培养出具有全新体育理念的学生，使他们自主地将体育作为一种享受健康生活、愉悦身心、获得发展机遇的重要手段，是我国高校体育教育的重要使命。从高校体育教育的实践来看，"以学科教育为中心"的误区仍然存在于体育教育的目标，无法满足新时期的需求。[1] 将体育文化教育作为高校体育教育的主要目标是解

---

① 程远义,杨爱华,张英.文化强国战略下高校体育文化建设新思考[J].沈阳体育学院学报,2016(6):47-49.

决这一问题的关键所在。几十年以来，高校体育文化都是一种自由接受的教育，学生在接受教育的过程中从自我完善的角度去试着发现体育文化的相关内容，他们的主观努力程度决定了高校体育文化教育效果的好坏。环境的构筑是这种教育的关注点，在教育者创设的体育文化环境中学生进行自主学习，是非善恶的判断能力和行为选择能力的提高完全是学生在自主活动中获得的，这有利于自觉体育精神的增强，但是目标不够明确、方法不够系统，使体育教育缺乏规范性，很难对学生的体育文化素养进行提升。要想规范体育教育，其根本在于将体育文化作为体育教育的本体，对过程结构和方法体系加以明晰。本节中，笔者将试着从高校体育文化教育模式构建的意义开始，围绕理念目标、内容形式、过程方法、管理评价等，构建"教""悟""用"为一体的高校体育文化教育模式，使其渗透整个校园文化，不断增强学生的身体素质、锻炼他们顽强的意志品质、提升他们的综合素养，使他们成为适应时代需求的全面发展的人，同时完善高校体育文化教育。

一、高校体育文化教育模式的基本构架

同传统意义上的高校体育文化教育隐性的单一传播模式比起来，教师引导、实践体验、环境熏陶为一体的高校体育文化教育模式将显性教育和隐性教育结合起来，基于教师言传身教的引导教授，重在让学生参与并体验肢体运动和体育人文活动，依托高校体育环境的熏陶，以认知

感受为起点，使学生对体育精神、体育道德、体育规范进行深入的领悟并践行它们，在教育环节中融入"教""悟""用"，形成一个系统性、全方位的教育过程。横向上，高校体育文化教育模式遵循体育文化教育过程的特点；纵向上，它遵循体育文化传播阶段的规律，既重视精神教育，又重视行为教育，有很强的针对性，很好地适合了高校体育文化教育的实施。（见图 3-1）

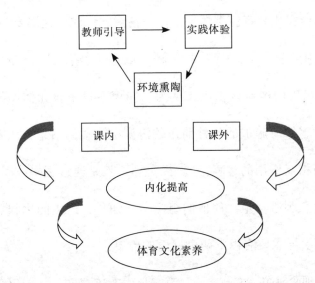

图 3-1 高校体育文化"三位一体"教育模式理论模型①

二、高校体育文化教育模式的内核

无论是哪一种教育教学模式，它都要建立在一定的教育理论、教育思想、心理学理论的基础之上，高校体育文化"三位一体"教育模式的

① 高健，孙旭静.高校体育文化教育与运动研究 [M].北京：北京工业大学出版社，2021.

四要素，即教师的引导、主体作用的发挥、实践能力的提升、习惯行为的养成无不根植于相应的教育理论，同时与高校体育文化传播的实践经验相结合，将学生在不同阶段的学习需求纳入进来，使高校体育文化教育呈现出多层次、境界化、开放性的特点。

1.教师引导——直接教育和间接教育相结合，改变过去单一隐性式高校体育文化传播模式

高校体育文化教育注重学生个性中情意的形成，这需要一个由"知"到"学"，由"学"到"行"的过程。以瑞士教育家让·皮亚杰（Jean Piaget）为代表的经典认知主义认为，知识不是来自物体本身，而是来自主体在对客体所施加的各种动作的协调中收集的信息，认知过程就是主客体之间相互作用的过程。"教授引导"就是通过直接或间接的方式，通过外界信息刺激学生，使他们组织学习知觉，产生同化和顺应，实现顿悟。教师引导主要有以下两个层面的内容：

第一，理念认知上的"导"，激发学生的体育文化认同感，指引他们积极参加体育文化活动。在这个层面上，教师不仅仅要强化体育作为一种人文活动在促进人全面发展中的作用，还要向学生传递富有本校特色的体育理念，使他们对本校在长期发展中所凝练并实施的体育精神及行为能够有深刻的了解，形成共识。国内外的一些顶尖高校就很注重对学生体育理念的引导。例如，我国的清华大学从新生入学的第一天起就通

过各种途径向学生们传播"每天锻炼一小时，幸福生活一辈子"的学校体育思想；耶鲁大学的体育理念是"人人参与，培养人才，凝聚共识"，哈佛大学的运动口号是"人人参与，赢得荣誉，创造历史，体学兼优"。它们都把传递体育理念作为提高师生体育认知的一种手段。

第二，运动实践中的"导"，实施"体育和文化并重"的体育课程教学和体育课外活动指导。在这个层面上，教师要充分地挖掘体育的文化内涵和感染力，在向学生传授体育知识、体育技能的同时，通过不同的方法，比如言传身教、暗示点拨，培养学生的体育价值观念、意识情感、道德精神、行为风尚等，让他们感受到体育文化其实是一种思维、一种行为、一种生活方式，从而改变单一隐性的体育文化传播模式。

2.实践体验——课内教育和课外教育一体化，解决"知"和"行"脱节问题

在高校体育文化教育的过程中，个人的实践参与是教育目标实现的关键。美国著名的现代教育理论家杜威（Dewey）认为，教育就是"生活""生长""经验改造"，社会生活实践中通过人和人的接触、相互影响、交流与改进经验，形成道德品质和学习知识技能，就是教育。首先，高校体育文化教育的实践载体应该涵盖体育课程、课程外的体育文化活动、促进体育文化发展的所有现象，教育实践空间不仅在课内，也在课外，使两者成为一体，实现由学到知，再到习惯性行为的过程。课内外体育文化教育一体化的首要任务就是合理安排学科课程和体育活动的时间。

目前，大部分高校都采取学分制，学生专业学习均为全天候选课，造成了体育课外活动没有保障，自主运动的学生大多只能分散进行，被动参与的学生大多就放弃了。其次，高校要组织丰富的体育文化活动，这些体育文化活动既要有运动体验类的，又要有运动观赏类的，既要有体育技能类的，又要有体育知识类的。例如，校园体育团体活动的组织，大型体育赛事、体育活动的观赏，单项运动竞赛，体育知识竞赛等。最后，高校要创新课外体育竞赛及人文活动设计，扩大学生体育人文活动的参与面，使每个学生都能受到体育文化的熏陶，改善"体育活动是精英参与的活动"这一现状。此外，高校体育文化与外界的交流频繁，是典型的开放系统，它时刻反映着社会文化的变迁，并不断地吸收时尚文化因子，表现社会文化特征，可以通过参与社会体育活动的表演和展示、担当社会体育活动服务志愿者等拓展体育文化教育空间。

3.环境熏陶——显性教育和隐性教育结合起来，强调知识的摄取和内化并进

高校体育文化教育的载体有显性和隐性两类，学生通过显性载体认识、体验体育文化，通过隐性载体感受、熏陶体育文化，虽然最初的接受方式不同，但最终达到的效果是一致的。加拿大的班杜拉（Bandura）是经典行为主义的代表，他的观察学习理论认为，观察他人在一定环境中的行为，通过观察接受一定的强化，可以完成学习。高校体育文化教育以这一学习理论作为依据，将"环境熏陶"作为不可或缺的环节，使

学生在既有的认知行为之上学习新行为。这种环境熏陶包括高校体育传统与风气、师生的体育意识、教师的人格魅力、典型体育人物垂范等。高校体育传统与风气是指高校为实现学校体育的目标，在长期集体奋斗中，养成并推崇的具有普遍性、重复性、稳定性的独特思想行为作风，它潜伏和弥漫在整个校园的各种环境因素与群体之中，具有巨大的、无形的教育力量，能使置身其中的广大学生在不知不觉中受到感染和熏陶。师生的体育热情，一方面具有较好的一致性目标、大众的舆论标准和真切的情感体验，容易产生心理共鸣；另一方面高涨的体育热情本身就是一种文化，它感染着校园中的每一个人，这种感染力就是一种无形的教育载体。树立典型体育人物显现了高校体育观念与体育价值取向，榜样的力量是无穷的，优秀个体与团队勇于挑战拼搏、不畏艰难险阻、顽强的意志品质是校园体育文化外放的体现，由此形成的体育文化氛围对广大学生起着导向、矫正、垂范、激励的作用。高校体育文化教育中，教师对知识的传授、行为的点拨，是帮助促进学生摄取知识，而真正产生质变的是知识内化过程中学生主体作用的发挥。内化是在摄入的知识中，认同的新思想与自己原有的观点、认同结合在一起，构成一个新的认知体系，且这种认知是持久的，并组成自己人格的一部分。要形成稳定的主体意识，就要从以下几个方面着手：

第一，积极参与体育活动，感受体育精神，主动摄取搜集体育文化信息资料，对体育人文知识有深入的了解。

第二，把所感受的体育精神、积淀的体育人文知识和自己的认知相联系，加以思考、整合，形成新的认知体系。

第三，经过反复的体验熏陶，最终形成稳定的体育人文认知，并指导自己的日常行为。

三、高校体育文化"三位一体"教育模式的实施

目的性、方向性、计划性是学校教育的特点，高校体育文化教育作为学校教育的分支也应有自身明确的目标和方略，以便实施教育。本节笔者就高校体育文化的教育目标、教育内容、教育过程、教育方法等进行探究。

（一）教育目标

高校的教育目标是传播先进的文化思想，培养全面发展的人。高校体育文化所蕴含的勇敢顽强的拼搏精神、规范有序的公平竞争精神及超越自我进取向上的精神，对于学生意志力的磨炼、竞争意识的培养、创新精神的养成、自信心的增强、综合素质的提高，具有极大的促进作用。关于高校体育文化教育目标，前人研究立足教育的价值取向，主要定位在发展体育运动技能技术之外的情感、态度、意识等领域。参阅前人的研究成果，结合高校体育文化教育对人的精神境界、生活方式、人格修养等方面影响的持久性，以及高校体育文化教育和高校德育教育、心理

教育、社会适应教育相互作用产生的辐射效果，笔者通过和专家、学者、教授们的反复商榷讨论，将高校体育文化教育目标定位在促进学生道德、情意、规范等非智力因素的发展，增强学生体育精神行为的主观能动性，提高学生的体育文化素养，继而健全人格，升华精神，提高社会适应能力。考虑到高校体育文化教育将学生由原来接受教育的对象转变为教育活动的主体，从而领悟体育文化内涵，最终践行体育精神，笔者将从两个方面来衡量高校体育文化教育的教学效果：一方面，学生的自我教育能力是否得到提高发展；另一方面，体育所蕴含的人文精神是否内化并渗透在社会生活中。

（二）教育内容

从文化学的领域来看，体育文化应该涵盖全部的体育行为活动，以及和它有关的能够促进体育发展的现象。按照这个范畴，高校体育文化教育涉及了体育理性文化和非理性文化的全部内容。考虑到内容体系过于庞大，在研究的过程中很难不产生重复和表浅，因此，本书中的教育指的是体育理性文化，也就是运动技能以外的和体育精神、体育价值、体育规范等相关的非理性体育文化教育。笔者查阅了大量的文献资料、征询了专家的意见，并经历了多次修订，最终将教育的具体内容确定为以下三个方面：

首先，以培养学生意志为目标的独立性、果断性、坚定性等品质教育，如顽强拼搏、挑战征服、果敢刚毅、沉着机智等；其次，以完善学生人格为目标的道德感、审美感、理智感等情操教育，如爱国情怀、民族精神、灵魂净化、情绪振奋等；最后，以规范学生行为为目标的思想准则、行为准则教育，如诚实守信、公平公正、团结协作、尊重理解等。

（三）教育过程

高校体育文化教育主要是发展学生的个性品质，是一种寓"教"于"行"的教学活动。高校体育文化教育以教育目标为导向，以形式多样的教育活动为载体，以在实践中接受教育为主要形式的实践教育活动，虽然它没有把运动技能教育涵盖其中，但是在隐藏的运动技能教育中，教育过程比技能教育更为复杂。笔者经过文献资料查阅、实地走访、专家问询调查后认为，高校体育文化教育主要包括体育课和体育课外活动及运动竞赛中的学习实践、体育人文活动中的认知体验、校园体育环境中的领悟内化等过程。

1.体育课和课外活动中的教育就具有很强的依托性，教师需要在教授运动技术、组织教学活动及体育竞赛中施教，它可培养学生勇敢顽强、吃苦耐劳、克难奋进等思想作风，机智灵活、沉着果断、谦虚谨慎等意志品质，团结友爱、携手并进、服从大局等集体主义精神。

2.体育人文环境教育是一种不自觉的教育，学生可通过体育教学和活动中教师所表现的外表气度、内在品格，感受体育风范、体育魅力，并受到潜移默化的影响，学生还可从体育课外活动和体育运动竞赛中，通过参与人群所表现的运动美和人文美，接受不同类别的教育信息。此外，一切和体育相关的现象，也是体育文化教育的过程，这些以体育建筑标识、体育场馆设施、体育信息资讯等显性方式或者体育规章制度、体育传统氛围、典型人物风貌等隐性方式存在的体育文化，是集体创造的体育文化物质及精神生活，是一种微妙的教育领域，是对体育文化学习的巩固、补充及提高。

（四）教育方法

在高校体育文化教育中，学生对教育信息的接受既包括认识活动，又包括非认识活动，教育者对校本体育理念的灌输，以及体育课和体育课外活动中进行的教导点拨等对学生的影响是有形的，学生进行的是认识活动；教育者在教学及活动中的暗示、垂范、感染是无形的，学生进行的是认识与非认识结合的活动（有的学生领悟到了，有的学生还没有及时地领悟到，是一种潜移默化的影响），这种有明确认识的有形教育和无明确认识的无形教育融合在一起，形成了体育文化教育的基本方法。无论是有形教育，还是无形教育，它们都需要教师的"引"和"导"。有形教育需要通过适宜的媒体或者相应的载体，让学生得到体育情感精神方面的教育，获得更强烈的学习愿望、顽强的意志，而无形教育则需要教师以个体感染力、课堂环境氛围为基础，使学生感悟体育精神、体育情操、体育准则。笔者通过调研问卷发现，39.2%的学生认为目前少数体育教师的体育文化教育能力比较低，教育过程中教师的教育能力是调动学生主观能动性的关键，而教师的文化修养和综合素养又是体育文化教育能力构成的核心要素。

第三节　高校体育文化教育的保障机制

一、教育平台保障

要想实现教育目标，我们需要把教育平台作为主阵地。体育文化教育既是一种显性教育，也是一种隐性教育，体育课堂、体育课外活动、体育运动竞赛，以及一切能够促进体育发展的文化现象都是体育文化教育的载体，它有着极其广泛的覆盖面。因此，高校应该建设科学、合理、可操作性强的教育平台，使其在体育文化教育的全过程起到积极的作用。高校教育平台的建设是教育保障机制的核心环节。

二、策略方法保障

不管我们使用什么形式的教育，教育效果始终会受到策略方法的影响。由于高校的所有体育文化现象都是高校体育文化教育的载体，可以说高校体育文化教育有着丰富的资源，怎样才能够把这些蕴含物质质性、带有人文意蕴、充满精神导向的资源应用在体育文化教育的实践中，需要教育者对策略途径和形式手段进行细致的选择。长久以来，高校体育文化是一种自由接受式教育，既无教育过程管理，也无教育效果评价，学生在教育者构筑的体育文化环境中自主学习，自主发现体育文化内容，自我完善体育文化素养，教育成效主要取决于主观努力的程度。尽管通过这样的教育有利于体育精神的自省，但是它没有很强的规范性，对于大面积提高学生的体育文化素养存在一定的弊端。因此，我们只有对高校体育文化教育的策略方法加以明确，使其具有稳定的过程结构和方法体系，才能够对高校体育文化教育加以规范，使学生在发现和吸纳体育文化内容的过程中少一些困惑，指明学生自我完善的方向，为他们提供应有的保障。

三、人文环境保障

人文环境是社会本体中隐藏的无形环境，是一种潜移默化的民族灵魂，它不仅能够体现群体的文化积淀，而且还能产生无形的教育影响。在高校体育文化教育的保障机制中，人文环境保障要比物质条件保障重要得多，我们由此可以看出人文环境保障的隐性价值。高校是师生共同组建的一个小群体，高校体育人文环境是高校师生共同创造的一种特定的体育精神环境和体育文化氛围，包括体育传统、体育氛围、人际关系等，它对人的心理有辐射作用，在意识及行为层面上规范着全体师生。

第一，在长期的发展中，各高校创造了丰富多彩的校园体育文化，这些校园体育文化以观念的形态被移植到学生的大脑里，构成了高校体育文化教育的核心内容；第二，人和人的交往始终伴随着体育人文实践活动，学生经常会受到他人的思想、言论、行动的影响；第三，个体意识、会直接或者间接地受到高校群体体育意识形态的影响，是学生体育素养形成的重要来源，人文环境在体育文化教育中可以产生强大的精神动力，发挥着内在的教育作用。

四、物质条件保障

作为高校体育文化教育能够正常开展的基础保障，物质条件是必不可少的。在体育文化实践活动中，好的、新奇的体育器材能够使学生获得满足感，激发他们对运动的兴趣。与此同时，体育物质本身所具有的质性既能够影响运动参与的感觉和效果，而且对自身的器物文化进行构筑，也能够对学生参与体育文化活动的热情和积极性产生影响。除体育运动所需要的场地设施之外，还包括校园体育环境中的体育建筑、雕塑、壁画等，以及体育文化教育所需要的图书、音像、资料等。体育建筑、雕塑、壁画等是高校体育活动的物理记忆符号，它帮助学生更深层次地理解体育；图书音像资料和传媒资讯是体育文化教育的工具，对于受教育者认知水平的提高、体育文化知识的积淀，也有着自身独特的价值。

五、思想认知保障

体育是人类创造的一种文化现象，文化在传递的过程中，个体思想认知，以及群体的观点理念等意识领域，对文化传递中的思维方式、情感态度、行为表现有着不可忽视的作用，对教育实施力度有着本质的影响。思想认知在高校体育文化教育中分为三个层面：第一层面，受教育者的主体认知，包括受教育者的体育思想、意识、观念等，主体认知是参与主体表现出来的某种意识形态；第二层面，教育者自身的文化修养、体育文化教育理念等，它被看作体育文化教育开展的源泉；第三层面，学校领导、管理人员对高校体育文化功能和作用的认识。基于"以人为本"理念，高校建立起了对体育健康持续发展具有促进作用的组织管理体系、良好的沟通渠道、和谐的人际关系、长效的工作机制等。作为主体在意识层面上进行的一种实践活动，体育文化教育一旦受到主动、有序的引导，便能够对学生产生积极有效的影响。

六、管理评价机制

从教育科学理论的角度来看，规范的教育需要在系统工程理念的指导下，统一规划、设计，并一体化运作，它的基础是系统内部的协调运作和整体联动，这样教育才能够良性地运行、有序地发展。相关研究表明，高校体育文化教育中的管理评价指的是通过组织协调教育队伍，充分发挥教育的人力、财力、物力等作用，建立合理的评价机制，使教育主客体的积极性被激发出来，高效率地实现教育目标的活动过程。由于高校体育文化教育的形式既有显性的，又有隐性的，无法系统地规范，给管理评价带来了困难，在一定程度上阻碍了教育的健康持续发展。因此，高校体育文化教育保障机制的根本是建立管理评价机制。

第四章 高校体育文化育人功能

第一节 高校体育文化育人的本质、特征和基础

步入新世纪，我国的高等教育已经由过去的"精英教育"走向了"大众教育"，各大高校将"育人"作为它们的核心工作。高校除了是引领和推动社会文化发展的阵地，还是新时期培养社会主义接班人和建设者的重要阵地。高校体育教育应致力于推动文化传承创新，建设具有中国特色、体现时代要求的大学文化，立足学生全面发展，努力构建全员全过程全方位育人格局，形成教书育人、实践育人、科研育人、管理育人、服务育人长效机制，增强学生社会责任感、创新精神和实践能力，全面落实立德树人根本任务，努力办好人民满意的教育。

一、高校体育文化育人的本质

高校体育文化教育不仅是文化在体育行业中的一种特殊形态，也是文化在高校空间中的一种亚形态，是一种行业文化，一种校园文化，也

是一种人类行为文化。高校体育文化既具有文化的本质属性，又具有体育的典型特征，还受到高校空间的限制。高校体育文化的本质内容表现为以下几个方面：

第一，高校体育文化具备文化的本质特征，也就是具有"以文化人""以文育人""文治教化"的功能，引导人、培养人、塑造人、锻炼人是高校体育文化与生俱来的属性。

第二，高校体育文化发挥育人功能的基地是各大高校，高校体育文化发挥育人功能的主体和对象是学生。

第三，高校体育文化的本质载体是体育实践，没有体育实践，就无法成为体育文化，高校体育文化就发挥不了育人功能。

第四，作为高校校园文化重要的组成部分，高校体育文化承担着"育体育心"的功能。

体育是高校体育文化关注的中心。高校体育文化育人就是要以体育实践为中心，充分利用高校现有的体育物质资源，把高校教学和育人工作结合起来，通过进行体育教学活动、体育硬件建设、体育精神弘扬、体育制度规范，引导学生健康生活、合理学习、修德集能，砥砺师生的意志，努力促进学生身体素质和健康水平的提高，促进学生的全面发展，为我国的社会主义建设培养具有竞争力的人才。

二、高校体育文化育人的特征

（一）规制性

一般来说，规制性是指为了维护公共利益而设定条件以控制私人行为。高校体育文化育人的规制性是指学生置身于高校体育文化的氛围中，被这种文化感染、熏陶、教育，与此同时，这种文化也会规范和制约他们的思想观念、价值判断、道德行为。在体育精神是高校体育文化所倡导的，它不仅有竞争性，也有规制性，鼓励人们去竞争、去超越的同时，也要求人们遵守规则、尊重对手、公平比赛，还要求人们发挥团队协作的精神，并且甘心为团队奉献。这些都是典型的规制性特征。当然，高校体育文化的规制性除了严格的限制和消极的禁止，还有积极的促进和乐观的鼓励。高校体育文化的规制性特征要求人们遵守规则、尊重法制。体育运动讲求公平竞赛、公正裁判，"更高、更快、更强"是人类永恒的体育精神，从中体现出体育精神文化的内涵和魅力。在这种文化的熏陶之下，大学生很容易树立起崇高的理想，培养出积极的情感，形成正确的认知和良好的行为习惯。通过不断完善规章制度，高校体育制度文化对学生的行为加以规范。在高校体育制度文化的约束下，学生的体育行为得到了规范，共同的行为规范和道德规则得以形成，优良的精神文化传统得以传承，个体的体育行为和日常行为受到影响和规范。与此同时，高校结合校园德育教育，通过道德认知、道德情感的培育把道德教育和法制教育中的道德原则、道德标准逐渐内化为个体的道德意志和道德行为，使它们成为学生行为的内部约束力，也就是内在规范。另外，高校体育物质文化中现代化体育场馆的使用规则，体育器材、用品的借还手续都可以用来规制学生的习惯和行为。

（二）隐蔽性

体育实践是高校体育文化的中心载体。高校通过建设现代化综合性的体育场馆、购置并创造新颖的健身器材和方法、利用融媒体等新技术宣传体育，不断提高学生的体育认知、培养他们的体育情感、锻炼他们的体育意志，让体育规则意识、运动精神、道德风尚等体育精神文化内化于他们的心里，让他们形成有利于自身发展和社会进步的体育价值观，并强健他们的体魄、影响他们的行为、激励他们树立远大的理想、奋发图强，最终实现高校育人的目标。这正是高校体育文化教育同其他教育不同的培养方式。教学、观察、感悟是大多数文化育人的方式，其通过视觉、听觉和大脑中枢神经系统的运作来实现知识的传递和能力的培养。而高校体育文化则是通过身体运动、动觉和小脑的参与来获得技能的提高和身心的协调来，并以此达到育人的目的的。高校体育文化并不在意给学生输入的信息量有多大，而是注重学生自身机能的自动化训练和培养，强调自身的参与因素，这是它比其他文化育人形式更为隐蔽的地方。

（三）体验性

体育实践是高校体育文化的重心所在，强调的是学生的参与。体育能够通过身体的运动使机体的器官变得更加强大，功能更加协调，同时神经系统能力得到发展，人们适应社会的能力得到提高。例如，人们可以通过体育锻炼增加肌肉的力量，提高神经系统的灵敏度和反应速度，提升骨骼的耐受度，增强身体器官的韧性和协调性，提高身体素质，促进身心健康。同时，适当的体育休闲、体育娱乐活动，比如跳舞、瑜伽、下棋等活动有助于消除疲劳、发展体能、愉悦身心、增强体质、增进健康和培养社会适应能力。拿我们熟悉的军训来说，通过一定量和一定强度的体育训练，可以锤炼学生的身体，让他们体验"劳体"的辛苦，树立吃苦耐劳的作风，培养艰苦奋斗的精神，帮助他们了解军人，增强国防意识，体验军人服从规则的集体主义原则和为国奉献的爱国主义精神，培养他们的责任感。体育场馆设备、图书器材、赛事活动、典礼仪式等物化于形、神化于行的体育文化也时时刻刻影响着学生的生活、思想、行为。而这些都得学生亲身参与，才能体验这中间的乐趣和好处，得到真正的体会和感悟。学生体验到体育的选择快乐、兴趣快乐、体感快乐，体验到体育文化的娱乐性、健身性，享受参与体育活动给他们带来的体感刺激和意外惊喜，以获得自身的全面发展。

（四）持久性

人类在长期的生存和发展中积淀起来文化这种具有延续性、持久性的财富。文化育人是一项有目的、有组织、有计划、耗时久的社会活动，因此，我们可以说文化育人是一项伴随个体终身的活动，它的育人效果是终身的。大学文化的熏陶对每个上过大学的人的影响都应该是终身的，大学校园里的每座建筑、每件重要的事情、每个标志性的人物都将在他们的记忆中留下不可磨灭的印象。这就是文化育人影响的持久性。作为社会文化和校园文化的分支，高校体育文化自然而然地具备了文化的本质特征，即传承性、延续性、持久性。高校文化育人活动传承和传播了科学文化知识，在人们的记忆中或许仅会留存点滴的印记，甚至被人们淡忘，而高校体育文化育人的方式是以培养技能和形成行为习惯为主，学生掌握的技能和形成的习惯将会在长期的训练中得以延续。通过神经记忆，学生掌握的技能和养成的习惯以自动化反应方式内化于心，或者以身体组织的形态变化外化于形。高校体育文化对学生精神意识的渗透、行为习惯的养成、身心状态的改变，有着深刻而持久的影响。

除了上面提到的规制性、隐蔽性、体验性，高校体育文化还有很多特征，比如体育的竞争性、文化的互动性、高校的教育性。

三、高校体育文化育人的基础

（一）高校体育物质文化是高校体育文化育人的物质基础

高校体育物质文化是高校和体育有关的物质实体，以及体现出文化意蕴可感知的体育物质产品。例如，体育建筑及器材、体育标志和资讯、体育图书和宣传物等。因为这些物质产品不仅展示了人类对物质世界的掌握和改造，也体现了人类思想对自然环境的顺应和突破，更是人的意志、情操、价值观和客观世界的有机结合，其并不仅仅是物质产品本身，而且是体育文化在物质上的集中体现。这样的体育物质文化能引起大学生的运动兴趣，激发他们的参与热情，陶冶他们的运动情操，潜移默化地建构他们的高尚人格，是体育文化在高校发挥育人功能的物质基础和根本保障。

（二）高校体育精神文化是高校体育文化育人的精髓

高校体育精神文化是人们对高校体育的意识反映部分，是特定历史条件下在高校体育行为中体现出来的体育认知、体育情感、体育意志、体育价值观等，具体表现为体育规则意识、体育运动精神、体育道德风尚等。高校体育精神文化是社会体育精神文化在高校校园的集中反映，其形成时间比较长，一经渗透到校园文化中，就会成为校园文化一个固定的组成部分，具备精神文化的特征，不易改变，能发挥精神文化的力量，影响高校师生的思想，规范他们的行为，特别是大学生体育观的形成，决定了他们的体育行为取向。与高校德育、智育、美育相结合的高校体育精神文化能更好地砥砺大学生的思想品质，激励他们奋发向上，是高校体育文化的核心和灵魂，决定高校体育文化育人的目标，主导高校体育文化育人的方向，决定高校体育文化能否在高校体育育人活动中完整地发挥育人功能。

（三）高校体育制度文化是高校体育文化育人的纽带

高校体育制度文化是高校开展体育活动的程序和规制体系，是高校在长期的体育育人活动中形成的以体育教学、体育竞赛和课余体育活动的组织、运作管理和队伍建设的机制和规范，是高校体育育人活动的组织形式。包括参与高校体育活动人员的组织和管理制度、涉及体育活动的财务管理制度、与体育相关的物质管理制度、体育事务开展的管理制度等，其中以体育教学的管理制度为主，以体育竞赛和课余体育活动的管理制度为辅。高校体育制度文化是保障学生合理享受高校体育物质文化，创造和创新高校体育精神文化的纽带，规范化、合理化、系统化的高校体育制度文化推进体育物质文化和高校育人活动的结合，产生健康的体育活动，营造良好的体育文化氛围，推动先进高校体育精神文化的发展和创新。

以上三个方面体育文化的具体表现形式，以"精神文化为核心，物质文化为依托，制度文化为保障"，共同促进高校体育文化育人功能的发挥，是体育文化在高校发挥育人功能的支撑条件。三者在体育社团、体育协会等组织机构开展体育实践活动中互相促进、协同育人。

第二节　高校体育文化育人功能的表现

一、健身强心功能

（一）健身功能

生命在于运动。古希腊著名的哲学家、科学家、教育家亚里士多德早已经把运动看作生命存在的形式。目前，大学生的身心健康时刻受到运动的影响。体育运动可以促进人体器官的生长，塑造人们的体型。第一，人体各器官通过参与体育运动能够得到一定的刺激，它们的组织结构和功能得以强化。人的皮肤、肌肉、骨骼、内脏、神经系统在获得适当体育锻炼之后，就会产生形态和功能上的改变，特别是骨骼和肌肉能够加快成长，起到美化体型的作用。第二，体育运动可以强化身体器官功能，使各方面的功能协调一致，以确保身体正常的运转。一个人的身体要想持久地健康下去，除了不断补充营养，还需要身体各器官的健康运转和彼此之间的协调发展，才能保证身体的健康。在脑力劳动的同时配合适当的体育运动，这样我们身体的各种组织器官才能够达到协调。

比如手眼协调、运动感觉、平衡感觉等能力强化都需要一定量的体育运动训练。第三，体育运动对人们的健康状态和工作效率有很大的影响。人们要想健康和高效工作，除了健康的身体器官，各器官系统之间的协调运作也是极其重要的。大量的科学实验证明，适量的体育活动不仅能改善血液循环，强化呼吸功能，刺激中枢神经，调节内分泌系统运作，还能促进人体新陈代谢，推迟人体组织器官结构、功能退化，延缓衰老。大学生群体的课业负担比较重，平时运动有限，如果长期缺少肢体运动，身体很容易进入亚健康状态。高校育人质量已经受到了身体健康问题的极大困扰。因此，高校应该进一步宣扬先进的体育文化，让大学生在学习之余，积极地参与各项体育活动，消除身体疲劳，增强体质，从而提高身体各器官的协调能力和学习效率。

（二）强心功能

高校体育文化活动除了对学生的身体健康有促进作用，还对他们的心理健康有着很大的影响。第一，体育活动能够减轻学生的学习压力，对很多不良的情绪，如焦虑、抑郁、紧张能够起到缓解的作用。大量的科学研究表明，在剧烈运动状态下，人类会产生大量的增强兴奋感、安全感、幸福感的物质，比如多巴胺、肾上腺素、去甲肾上腺素。适度的体育运动可以缓解心理压力，在一定程度上可以减轻焦虑、抑郁、紧张等情绪。第二，适度的体育运动有助于人体适应自然环境，使人们产生好的心境和情绪。人们和自然进行密切接触的最佳时机就是参与体育活动，特别是户外体育活动。通常情况下，人们在进行户外体育活动的时候都能够呼吸到新鲜的空气，感受到大自然的美好风光，使人体产生良好的心境和情绪。生动活泼、健康文明、喜闻乐见的校园体育文化活动，能给参加者带来一定的审美愉悦，从而产生良好的心境和情绪。第三，参与体育比赛可以治愈脆弱的心理，培养坚定的意志品质，塑造良好的人格。奋力拼搏的竞技过程和输赢未定的竞争结果会对人体产生反复的刺激，对于缓解心理压力、提高抗压能力、平衡心理状态、促进身心和谐有很大的帮助作用。

二、激励导向功能

（一）激励功能

美国著名的心理学家马斯洛（Maslow）认为，人的精神生活需要安全感、存在感、成就感的满足，而体育文化能够激励人们在社会生活中不断地奋发向上。第一，高校体育文化可以激发学生向上的动力，使其树立远大的目标，把他们潜在的能力激发出来。竞争性成分是高校体育文化的重要组成部分，包括超越自我、超越对手、超越极限等竞争与超越精神，这些精神能激发学生参与体育活动、竞赛、比赛的动机，提高他们的体育兴趣和能力，帮助他们实现自己的远大目标。第二，高校体育文化的体验性体现了对学生参与体育活动的尊重，能够对他们产生激励作用。高校体育文化能够培养学生的团队意识，让他们学会甘愿为集体团队奉献，彼此信任、相互勉励、互帮互助。高校体育文化提倡对任何参与者都要给予尊重，鼓励他们积极参与，维护他们的荣誉感，使他们能够尽情地享受团队活动带给他们的快乐。第三，高校体育文化的规制性突出对激励的尊重。高校体育文化的规制性要求每一位参与者遵守规则、尊重对手、公平比赛，这有利于培养学生尊重他人、公平竞争的意识，也为体育活动的公平竞争环境打下了良好的基础。大学生常常是在竞争环境下学习和生活的，对每一个高校文化育人活动的参与者给予尊重可以使他们获得成就感和受尊重感，不断激发他们参与体育活动的意识，提高他们的向心力。高校体育文化所倡导的体育精神可以满足学生的精神需要，能够给予他们尊重感、成就感、归属感。在学校举行的各类运动会上，无论是靠相互合作的团队项目，还是展现个人魅力的个体项目，都充分体现了强烈的集体主义精神和拼搏进取的民族精神，这些精神能够不断地激发大学生的爱国情怀及为实现中华民族伟大复兴的使命感和责任感。高校体育文化通过平衡发展目标激励、尊重激励、参与激励，实现了育人目标。

（二）导向功能

高校体育文化通过传播积极进取的价值观、热情参与的世界观、身心协同发展的健身观，把学生引导到奋发进取、积极乐观的精神层面上，使他们远离低俗腐化、丑陋肮脏的思想内容和生活状态。随着高校大门对社会的敞开，近年来，一些悲观、消极、不健康的观念悄悄地渗透到大学校园，而很多大学生由于还没有走出校园接触社会，在心智上还不够成熟，很容易受到外部因素的影响及别有用心之人的利用。因此，高校应该通过健康积极的文化来引导学生树立正确的价值观。高校体育文化中的积极进取、公平竞争、团结协作精神正是引导大学生树立正确的人生观、价值观、世界观，坚定中国特色社会主义理想信念的有效手段。高校体育活动中所体现出来的精神文化，如爱国爱家、互帮互助、尽职尽责，有利于培养学生的爱国主义精神、拼搏进取精神、社会责任感，能够为他们的人生指明前进的方向，帮助他们实现人生梦想。

三、规范德育功能

（一）规范功能

高校体育文化的规范功能是指大学生在高校校园文化的感染、熏陶、教育下，他们的思想观念、价值判断、道德行为也会受到这种文化的规范和制约。虽然高校体育文化含有很多竞争性的成分，但是公平竞争精神仍是其基本原则，比如尊重对手、遵守规则、公平比赛。目前，在社会主义市场经济下，高校培养的人才都必须公平地参与市场竞争，因此培养学生公平竞争的意识是高校育人的重要内容。高校体育文化的规制性对学生提出了遵守规则、尊重法制的要求。通过规范学生的体育行为，高校体育制度文化使他们形成具有共同认知的行为规范和道德规则及优良的精神文化传统，以此来约束学生的日常行为。通过培养学生的道德认知和道德情感，校园文化中道德教育和法制教育部分的道德原则和道德标准逐渐内化为个体的道德意志和道德行为，以约束学生的行为，成为内在规范。作为校园制度文化的具体体现，高校体育制度文化在不断完善规章制度的过程中以从外部对学生的行为作出规范。高校体育文化的规制性对于培养学生的公平竞争意识有很大的帮助作用。

（二）德育功能

通常情况下，对学生进行一些基本的公民道德教育、道德品质教育、道德理想教育及行为规范和文明习惯教育是高校德育课程的主要内容。道德实践是德育的关键，高校体育物质文化中有关如何使用体育场馆的规则、借还体育器械和体育用品的手续，无不对学生的行为规范和文明习惯进行着教育，著名体育人物的逸事无形中也不断地激励着学生顽强拼搏、奋发图强。无论是公平竞赛的精神，还是公正裁判的精神，抑或是"更高、更快、更强"的奥林匹克精神，它们都体现了体育精神文化。正是在体育精神文化的熏陶之下，更容易使大学生树立起崇高的道德理想，培养他们高尚的道德情感，使他们形成正确的道德认知，强化坚定的道德意志，产生良好的道德行为，积极践行社会主义的道德原则和道德标准，养成优良的道德品质和个人作风。大学生在体育竞争精神的激励下胜不骄、败不馁，在"更高、更快、更强"的奥运精神的激励下超越对手并不断地挑战极限，磨砺出百折不挠、勇往直前、拼搏进取的坚强意志，从而形成良好的个人道德品质；体育的"公开、公正、公平"精神要求人们做事要"光明磊落"，通过正当的手段获取正当的利益，为将来大学生走向社会具备良好的职业道德打下坚实的基础；体育的团队精神要求人们不计个人得失，具有奉献精神，能够提高大学生的社会公德水平。

四、能力培养功能

目前，我国的高等教育已经进入大众化的阶段，大学可以充分地开发学生智力，培养他们的各种能力。高校体育文化能够很好地帮助学生保持身心健康的技能，完善他们的人格，促进个体的全面发展。第一，高校体育文化促进学生掌握保持身心健康的技能。通常情况下，学生在步入大学之前接受的教育都是以科学文化知识的传承和传播为主，他们所掌握的有关人类身心健康的知识及进行的技能训练都很少。只有当学生进入大学，他们才可以根据自己的兴趣发展自我，进一步关注身心健康。作为大学文化育人的重要组成部分，高校体育文化育人通过体育教学和体育活动帮助学生掌握保持身心健康的科学知识和训练技能，为他们日后顺利地步入社会，迎接更大的挑战做好准备。第二，高校体育文化对学生社会性人格养成有促进作用。通过向学生传播高校体育文化的竞争性和公平竞赛的精神，能够让他们体会到参与和尊重的重要性，提高他们参与体育活动的意识和积极性；通过向学生传播高校体育文化的团队精神，对他们团队协作能力的培养有积极的作用，使他们建立日后融入社会的信心和能力。此外，高校体育教学和体育活动，以及体育文化育人的体验性需要学生积极地参与活动，能够很好地培养他们的动手能力、执行能力、组织协调能力等。与此同时，高校体育文化的规制性让学生深刻地认识到社会规则是不能够随便逾越的，有利于他们对社会规则的理解和社会功能的履行，使他们的社会性人格得以发展和完善。第三，高校体育文化对学生的综合素养具有促进作用。大学生平时忙于学业，很少从事体力劳动，手脑协调能力有待提高。大学生往往有着较强的思维能力、表达能力、指导能力，但是他们的动手能力和执行能力就比较弱。大学生虽然有着较高的智力发展水平，但是他们的生理机能发展就相对滞后一些。高校体育文化以体育实践为基本途径，以体育运动、体育锻炼和体育教学为基本手段，结合高校的智育、德育、美育，在学生的亲身实践中不断丰富他们的科学文化知识，全面发展他们的各种技能，增长他们的社会经验，提高他们驾驭自我和适应社会的能力。

一言以蔽之，同其他校园文化一起，高校体育文化在高校育人活动中起着锻炼人、塑造人、培养人等重要的育人功能。

第三节　如何发挥高校体育文化育人功能

一、制定高校体育文化育人目标

要发挥体育学科和体育文化在高校中的育人功能，就要把体育文化包含的理念、价值贯彻到高校教书育人的全过程，教师要引导学生正确地认识体育、积极体验体育、合理评价体育、培养体育习惯。发挥体育文化的育人功能，高校要以体育为核心，在体育文化的引导、浸润下，加强国家意识、法治意识、社会责任意识教育，加强民族团结进步教育、国家安全教育、科学精神教育，以诚信建设为重点，加强社会公德、职业道德、家庭美德、个人品德教育，提升学生的道德素养。制定高校体育文化育人目标，需要考虑如下四个问题：

第一个问题：要以什么样的文化育人。

现代体育以竞技和娱乐为主要体现形式，培养的是竞争精神、商业意识。目前，国内体育的举国体制也是以竞技体育为主的。虽然高校大力倡导大众体育、全民体育，我国的领导人也一直重视全民体育，但是高校的体育文化始终受到我国传统体育精神的影响，走养生体育路线，注重娱人自娱、健体养生，注重体育道德，讲究修身养性，有向养生体育文化、德育体育文化发展之势。因此，在高校发挥体育文化育人功能的时候，应该用什么样的体育文化来育人，是用大众体育文化，还是用专业体育文化？是用传统体育文化，还是用现代体育文化？是用社会传统体育文化，还是用先进体育文化？在育人之前，我们需要确定这些问题。

第二个问题：要育什么样的人。

高校是一个小社会，要发挥体育文化在高校的育人功能，需要弄清楚拿体育文化去育谁。是全体学生呢，还是个别学生？是育传统人呢，还是育现代人？

第三个问题：要育人的哪些方面。

我们都知道，体育能育体，但作为高校育人的基本手段之一，体育不仅能促进人身体机能的发展，在愉悦精神和促进社会化方面也有很大的影响。因此，以体育文化育人是育人的身体方面呢，还是身心俱育？是培养"单向度"的人，还是培育全面发展的人？

第四个问题：体育和人的关系。

确立一个目标，以什么为导向很重要。例如，体育文化育人目标的制定需要弄清楚是体育为人，还是人为体育，是体育文化化人，还是人化体育文化。如果是体育为人，就把促进人的发展作为体育文化育人的目标；如果是人为体育，就会把集中力量发展体育作为目标。如果确立体育文化化人目标，就会把体育文化当作一种工具和手段，来促进人的发展；如果确立人化体育文化目标，就会在体育文化中加入人文化精神，以促进体育文化的发展。回答了以上问题，就能制定好高校体育文化育人的目标。

根据目前我国高校体育发展的实际情况，我们对以上问题的回答应该是：第一，高校体育文化育人要以具有民族特色的，"面向大众、面向世界、面向未来的"先进体育文化育人；第二，高校体育文化育人要育高校的所有人；第三，高校体育文化育人要育人的身体、心理、精神、个性、素质、社会化功能等方面，实现全方位的育人；第四，高校体育文化育人是体育为育人服务，以促进学生的超越和发展为目标，在育人活动中体现体育文化的价值，同时也发展体育文化。基于对上述四个问题的回答，我国高校体育文化育人的目标是：在高校建设民族的、大众的、开放的、可持续发展的先进体育文化，发挥先进体育文化的育人功能，以促进学生的身心健康、精神愉悦，以发展个性，培养能力，提高素质为途径来提升他们的社会功能，促进人的全面发展。

二、弘扬高校体育精神文化

高校体育精神文化是高校体育文化育人的核心和灵魂，它决定着高校体育文化能否在高校体育活动中完整地发挥育人功能，主导着高校体育文化育人的方向，决定着高校体育文化育人的目标。建设高校体育精神文化需要树立正确的体育观，把体育当作学生生活的一个重要组成部分。体育既是休闲娱乐、日常消费，也是竞争；既是健身的途径，也是个性形成的重要手段。体育锻炼既是一种健康、文明、科学的生活方式，也是获得身心健康的重要源泉。培养大学生良好的体育道德和体育行为习惯，增强他们的体育意识，使其树立终身体育观。在高校凝练和弘扬高尚的体育精神，比如奥运精神、女排精神，发掘其中的爱国主义精神、弘扬民族精神，提倡进取精神，推崇奉献精神，倡导参与精神和竞争精神，发扬开放精神和包容精神，提高学生的体育文化素养，促进高校体育文化充分发挥其育体育心、激励导向、规范德育功能。

三、建设高校体育物质文化

作为高校体育文化育人的物质基础，高校体育物质文化是体育文化的直接载体，是高校体育文化中可直接感知的部分，从根本上保障了体育文化在高校发挥育人功能。高校的体育场馆和体育器械，体育建筑和设施，可感知的视听觉材料都体现着大学人的价值观念、意志情操，只有加大经费投入，创造具有亲和力的校园体育物质文化环境，才能让学生对体育活动产生热情和冲动，增加兴趣，提升参与度，提高体育物质设施设备的利用率。特别在体育物质设施的建设过程中，高校应该特别注意整体性、层次性、民族性、大众性，既要充分体现一定的文化底蕴，又要照顾到学生的层次水平，既要激发他们参与体育活动，又要避免体育场馆、体育设施因文化氛围而令一部分人不能参与其中。

四、完善高校体育制度文化

高校体育制度文化是高校体育文化育人的制度保障，它如同一座桥梁将高校体育物质文化和体育精神文化联接起来，使两者共同发挥育人作用。一定的精神文化有赖于物质文化的支撑，但物质文化和精神文化的结合还需要一定的制度作为保障。体育制度的建设是一项长期的、探索性、创造性的工作。高校体育制度文化的建设需要贯彻落实各项体育法规，把体育工作法治化、规范化、程序化，改进管理理念和管理手段。这些制度不仅涉及体育教学，还涉及体育设施设备的建设和管理、体育人员的安排和管理、体育活动及竞赛的流程和执行、体育宣传的管理，以及其他体育事务的建设和管理。高校要把体育制度文化系统化，这样学生才能够更好地享受高校的体育物质文化，更积极地创造高校体育精神文化。在遵守规则，提高自我道德修养的同时，保障身心健康，享受自我，服务社会。此外，组建体育俱乐部，打造高校体育文化节等，也是高校体育文化育人功能发挥的重要途径。

第五章 体育运动在高校教育中的作用

第一节 立德树人教育的重要内容与手段

一、大学体育中的"立德树人"

（一）如何理解"德"

"德"是人们的一种价值规范，它代表着人们的价值观和价值取向。"立德"是为了批判和认同"真、善、美"。"立德树人"是我国教育实践的根本任务，就大学体育而言，"立德"究竟指什么呢？第一，我们需要对"德"的范畴和内涵作出界定。笔者认为，"德"有三个层次的范畴。第一层次是技能技巧。大学体育教育的目的就是让学生在大学阶段的体育学习中熟练地掌握一到两个运动项目。第二层次是行为规范。通过参与和体验体育运动，学生可以将学习到的运动项目规则用来约束自己的行动，既是对规则的践行，也是对"人"的行为规训的实现，即从项目文化中体悟生活中的"行为规范"。第三层次是价值判断。体育教育对学生进行规训，使他们在增强体质、增进健康的同时，建立"身体与健康、健康与民族、民族与国家、国家与强盛"的价值取向和价值判断。因此，从这个角度来讲，"德"指的是实现民族强盛、国家富强。在大学体育教育实践的过程中，实施主体和执行客体都遵循着体育教育的发展规律，借助于丰富多彩的运动项目，对参与者的思想、身体、行为加以改造，使他们形成正确的价值观。那么，"立德"是怎样的一个过程呢？行为实践是"立"所强调的，大学生要对社会、国家、他人作出贡献。"立德"的过程可以分为两个方面。一方面是主动"立德"，也就是"内化"的实践过程。通过对体育项目文化的学习，大学生能够明确自我价值取向、规范自身的行为、形成内在的价值判断。另一方面是被动"立德"，也就是"外化"的实践过程。大学体育通过学科建设、教师素养、仪式教育等形式潜移默化地影响着大学生的价值观和价值取向，从而实现道德品质的培育。

（二）如何理解"人"

"人"是一个非常复杂而深刻的哲学命题。马克思把"人"定义为：mensch（人）、person（个人）、individuum（个体）。关于"人""个人""个体"这三者之间的关系和它们同国家政治之间的关系，马克思从自然法中的"人"到具有"人格"的"个人"，再到国家的基础中市民社会的"个体"进行了全面的批判，并在《1857—1858年经济学手稿》中将"人"

的历时发展分为三个阶段，即人格依附、人格独立、自由个性。如今，大学体育又该怎样体现"立德树人"这个我国教育实践的根本任务中的"树人"呢？"树人"最早出自《管子·权修》，"一年之计，莫如树谷；十年之计，莫如树木；终身之计，莫如树人。"有的学者认为"助益于人，使之成人"是"树人"的旨意。从中我们能够看出，"树人"既有着深厚的历史文化底蕴，还是一个长期的过程。笔者将马克思"人"学思想和我国传统文化结合起来，认为大学体育培养的"人"首先应该是具有"独立人格"，追求"个性自由"，倡导"全面发展"的"完整的人"。其次，这种"个体"需要掌握一到两门运动项目并养成终身锻炼的习惯，且对体育学科地位产生正确的认知，在今后的生活中能够积极传播体育健康理念的"人"。最后，在参与体育运动实践的过程中，这种"个体"能够自觉地树立社会主义核心价值观，成为国家认同和民族自信的"人"。当然，大学体育"树人"的结果具有终身效应。在大学学习期间，大学生"个体"所形成的体育价值观念、运动行为技能、运动健康感悟、体育文化记忆会对家庭、社会、国家产生深远的影响。近年来，我国启动了健康中国战略和全民健身国家战略，包括大学生、工人、农民等在内的各行各业的人们早已形成一个"健康共同体"。这个"健康共同体"所形成的身体认知、健康行为、国家意识、民族精神，必将影响着国家行为和社会发展的变革。因此，大学体育"树立"的"人"是具有社会影响力，能够影响国家和民族前行的"人"。

（三）"立德"和"树人"的关系

"立德"和"树人"在大学体育教学实践的过程中应该是一种递进的关系。"立德"是基础，"树人"是目标，只有把它们结合起来才能完成任务。"立德"的目的是"树立"全面发展的"人"，但"树人"并不是简单重复"立德"，而是"助益成为"更有"德行"的"人"。"德行"对"人"的质量有着重要的影响。因此，在大学体育"立德树人"的实践过程中，不管作为教育者，还是作为管理者，都必须重视"立德"的重要性，只有"立德"才能"树人"，只有"立德"才能"成人"。大学体育"立德"和"树人"的这种递进关系反映出的是体育教育者和管理者的责任担当。

二、大学体育实现"立德树人"的手段

（一）强化学科建设，推动课程地位从边缘走向中心

大学体育课程是高校"立德树人"的重要教育资源。首先，大学体育课程的教学实践能够在增强学生体质的同时完善他们的人格，充分发挥体育教育"实践育人"的功能。其次，通过大学体育课程能够将体育思想、体育文化、体育精神传播给学生，在潜移默化中激励、感化他们，充分发挥体育教育"学科育人"的功能。与其他学科比起来，大学体育课程有着鲜明的"立德树人"价值功效。因此，高校必须强化大学体育课程的建设，增强其竞争力，不断优化课程体系，提升课程内涵，使其从边缘课程走向中心课程，为完成大学体育课程"实践育人""学科育人"

的教育任务而不断改革。在强化大学体育课程建设的过程中，高校要把学科、专业、课程三者的关系弄清楚，提升对"体育学"学科的认知。同时以"课程建设"为核心，突出"立德树人"的功能。此外，高校体育既有"术"的属性，更有"学"的性格；不仅有"健体""强身"的功效，更有"德育""化人"的价值。因此，为了全面落实大学体育课程"立德树人"的教育任务，高校应该使大学体育课程从"工具化"教学转型为"知识化"教学，不断提升学科话语权，推动大学体育课程的中心化发展。

（二）转变教学理念，推动体育教学从"增强体质"走向"全面发展"

有研究表明，近年来大学生的体质有所下降，尽管和体育教学有一定的联系，但是也受到诸多因素的影响，比如大学生个体锻炼习惯、生活方式、社会和家庭对体育教育的偏见。因此，我们不能把大学生体质下降简单地归咎于体育教学，体育教学的目标不仅是增强学生体质，而学生体质的增强也不能成为评价大学体育教学成效的唯一标准。基于目标管理这个角度，大学体育课程应该具有三个层次的教学目标，即增强体质、掌握运动技能、全面发展。大学体育教育的"立德树人"不应该局限在"增强体质"这个基本的目标上，而是要做到三个坚持，即坚持"以人为本"、坚持"健康第一"、坚持"全面育人"，使大学生全面发展。因此，大学体育教育应该在"立德树人"思想的指导下转变教学理念，推动体育教学从"增强体质"走向"全面发展"，对学生道德的养成、人格的塑造、社会主义核心价值观的培养给予更多的关注。

（三）优化教学设计，推动教学内容从单一走向多元

在"立德树人"思想的引领下，大学体育教学既要培养技术，又要传授知识，更要塑造价值、提升品德。因此，大学体育教学"立德树人"要打破过去以技能教学为主的框架，大力发展自身的育人资源，优化教学设计，丰富教学内容，推动大学体育教学内容从单一走向多元。首先，坚持"立德树人"思想对教学内容的指导方向，在教学内容中融入体育文化、体育精神、社会主义核心价值观，引导大学生热爱祖国、热爱民族、热爱人民，提高体育教学"立德树人"的质量和效益。其次，在教学内容的设计上要严格按照"立德树人"的教育要求，不仅要体现学科特色，还要体现"学科育人""实践育人"的价值功效，使体育教学更具针对性、有效性，使德育教育的隐性作用外显出来。最后，高校在对体育教学"立德树人"的内容进行设计的时候，一定要把大学生群体的认知特点和接受规律考虑进来，促进他们的专业技能和价值观念的融合，使理论育人和实践育人、显性育人和隐性育人达到统一。与此同时，大学体育教学"立德树人"还要注重仪式教育。作为高校体育教学的一部分，仪式教育是体育教学"立德树人"的重要方式。在教学的过程中，高校要结合我国优秀的体育文化传统，以校园内的各种教育要素和场景作为载体，

积极地传播主流价值观，培养大学生的文化认同感和情感归属感，实现对他们的道德和文化教育。

第二节　终身体育理念及终身运动习惯的养成

一、终身体育理念的发展和高校体育教学

（一）终身体育理念的发展

我国对终身体育的研究开始于高校体育领域，有着极其明显的教育化倾向。很多在高校体育领域里发展而来的终身体育观点对目前的体育教学仍然起着积极的指导作用。目前，无论是高水平的竞技运动，还是以健身娱乐、自我发展为目标的大众体育，都融入了终身体育理念。可以说，终身体育的内涵在广度、深度上都得到了很大的拓展。放眼未来，体育将和人们的生活联系得越来越紧密，终身体育理念一定会深入每个人的体育生活，与人终身相伴。

（二）发展的终身体育理念对大学生的影响

目前，我国已经把全民健身上升为国家战略，它是一个国家综合实力的重要体现。青少年作为实施全民健身计划的重点人群，要不断增强自身身体素质，掌握必要的运动技能，培养体育运动兴趣，形成终身体

育健身的良好习惯。这不仅对自身有益，对国家和社会也有重要的意义。目前，体质健康水平依旧是大学生素质的短板。相关研究表明，近年来，我国大学生的体质健康水平呈现出明显的下滑趋势。只有合理地增加体育锻炼，才能有效地提升大学生的体质健康水平。因此，高校体育教育要引领大学生积极地参与体育锻炼，增强他们终身体育的意识。与此同时，在全民健身国家战略的指导下，大学生要积极地投入全民健身的热潮中，尽早建立发展的终身体育理念，为这一前景无限广阔的体育舞台奉献自己的价值。

（三）发展的终身体育理念对高校体育课程的影响

高校体育教育的重要目标就是培养学生体育兴趣、发展体育爱好、形成体育习惯。在教育部印发的《全国普通高等学校体育课程教学指导纲要》（2002）中，已经将学生基本形成终身体育的意识明确地写入了高校体育课程的目标之中。因此，高校体育教学目标和终身体育发展目标是相统一的。终身体育理念始终处于发展之中，这就要求高校体育教学必须和社会生活对学生终身体育的要求相适应，不断改进教学方法、扩展教学内容，拓展教学领域，使体育教学促进学生终身体育的发展。高校体育教师应该关注体育领域内的各种发展，以更加有效的手段帮助学生建立终身体育意识和行为，为他们今后保持终身体育锻炼打下坚实的基础。

二、如何培养大学生终身体育的意识和行为

（一）培养大学生的"体育综合素养"

通过体育教学和体育锻炼过程达到增强体质、增进健康和体育素养的目标；在教育过程中要寓促进身心和谐发展、思想品德教育、文化科学教育、生活与体育技能教育于身体活动并有机结合。基于以上内容，体育教师对课程目标进行合理的整合就显得极其重要。只有对课程目标进行合理的整合才能更好地培养大学生的综合素质，使其形成"体育综合素质"，进而促进他们终身体育意识和行为的养成。

（二）多领域进行终身体育行为的养成

在高校体育教学的过程中，以终身体育为目标，激发学生自主和自觉学习体育的兴趣，培养他们对体育运动的兴趣和爱好、独立锻炼身体的能力，为终身体育奠定坚实的基础。另外，高校应该利用生活领域中的各种机会让学生进行体育实践。

（三）多学科渗透培养终身体育行为

目前，体育的内涵和外延不断地延伸，终身体育行为早已不仅局限在身体锻炼这个领域里。随着参与终身体育个体的综合素质的提高，非体育领域的知识和内容已经渗透到体育领域，并且它们与体育领域相互结合起来，成为目前终身体育行为的发展形式。例如，通过观赏体育竞

技比赛能够对个体的文化素养有所提升，医学、营养学、心理学等学科同体育结合起来能够提升个体的体育素质，使终身体育行为的执行力有所提升，对个体终身体育行为的发展也是大有益处的。

（四）从大学生需求的角度培养终身体育的行为

基于大学生的体育需求培养终身体育行为也能够促进他们的终身体育行为。挖掘每一位学生的体育需求，在意识层面加以引导，使其对体育运动产生兴趣，形成良好的行为习惯，这样便会促进他们终身体育行为的养成。

第三节　多维一体综合素养的培养

一、什么是综合素养

从体育的角度来谈综合素养，指的是个体基于先天遗传，受家庭、学校、社会环境的影响，通过锻炼在实现身心发展的过程中逐渐形成的对身体文化和精神文化内在追求的综合性文化素养，它包括体育知识、体育技能、体育习惯、体育精神、体育道德等。可见，综合素养既包括健身的基本需求，又包括精神、价值观念上的需求。

二、大学生综合素养培养的不足之处

（一）重视竞技体育，忽视体育的普及

一些高校对竞技体育所带来的荣誉和利益非常重视，却往往忽视了普通大学生综合素养的培养。高校的任务和使命不仅是国家培养优秀的竞技体育人才，还需要在大学生中普及体育技能、提高体育综合素养。毕竟学生毕业以后从事竞技体育的只是很少的一部分，绝大多数的学生还是要参加工作，拥有一个好的身体，需要具备基本的体育综合素养，养成终身锻炼的习惯。

（二）重视体质的提高，忽视体育精神的培养和体育文化的传播

高校体育教学不仅要提高学生的身体素质，还要培养他们的体育精神，传承和发扬体育文化。既要育身，又要育人。然而多年以来，大部分高校体育教育的根本目的是锻炼身体、增强体质。沿用传统教学方法，注重竞技体育，学生考评过于单一，造成学生对体育课不感兴趣，使体育教育失去原本的魅力。

（三）重视体育教学，忽视课外锻炼

由于课业负担比较重，高校体育课通常每周只有两节。因此，体育教育必须重视学生的课外锻炼。高校体育教学应该把课堂当作主阵地，把课外锻炼当作课堂教学的延伸、补充、实践。教育部门对高校课堂体

育教学的教学目标、教学内容、课程进度、课堂密度等都做出了详细、科学的规定，但是没有提到如何管理和开展学生课外锻炼。

（四）重视体育技能，忽视体育理论

如今的高校体育教学中还是有应试教育的影子。期末考试考什么，课堂上体育教师就教什么。体育教学只重视体育的技能，而忽视体育理论的学习。丰富的理论知识可以科学地指导学生进行体育锻炼、理解运动规律，培养他们的体育精神，养成终身体育的习惯。

（五）重视场地"硬件"，忽视文化"软件"

近年来，国家对高等教育的建设投入了很大的力度，高校体育的硬件设施条件可以说发生了翻天覆地的变化。然而，在改善高校体育设施硬件条件的同时，校园体育文化的建设却相对滞后。高校举办的赛事比较少，学生缺少参与热情。高校缺少规范的俱乐部和协会，就算一些高校有俱乐部，但基本上都承包给了第三方，导致学生参加课外锻炼还要缴纳一定的场地费用。

三、大学生体育综合素养培养路径

（一）践行多维体育育人观

高校体育教育是一个有着多功能多目标的育人系统，体育课堂教育应该承担起促使学生生物、心理、社会三个方面都得到健康发展的职能，

把培养学生的身心健康、体育精神、终身体育意识作为重要的教育目标。具体来说，高校要通过体育教学和体育活动让学生有正确的思想观念，较强的组织纪律性，良好的意志品质，促使他们形成积极向上、活泼乐观、踏实奋进的心理素质，帮助他们树立责任感和使命感，遵守规则，团结向上。总之，高校要通过体育教学活动让学生在智力、体力、道德、情感、行为等方面平衡、协调地发展。

（二）鼓励课外锻炼

体育锻炼并不限于体育课堂，学生要把体育锻炼看作自己生活的一个部分，形成终身体育锻炼的意识。由于体育课堂时间有限，体育教师只有把体育项目的基本技术和技能教授给学生，使他们掌握锻炼方法和体育知识，才能在课外利用大量的时间进行训练和实践。课堂教学是必须完成的教学活动和达到的教学目标，课外锻炼则是学生根据自己的兴趣愉悦身心的过程。因此，高校和体育教师需要鼓励学生积极自主地参加课外锻炼。首先，通过体育课堂让学生认识到课外锻炼的重要性。其次，由高校的体育部、俱乐部、体育教师根据体育项目组织课外锻炼活动，活动的形式要丰富多样。这种活动只有常态化、高频化，才能满足学生的个性需求。最后，建立奖励机制。对于经常参加体育锻炼的学生要进行奖励。利用大数据技术，为所有参加课外锻炼的学生建立数据库和评比制度，激发学生课外锻炼的热情。

（三）加强体育理论教育

一些体育教师把体育教学等同于体育锻炼或者竞技体育，也就是在课堂上讲解的体育理论和体育项目联系得很密切。这样做其实是狭隘的。体育教育要想提高学生的体育综合素养，就必须让学生掌握一定的体育基本知识和健康知识，比如身体健康的指标、健康观念、运动损伤和急救、野外生存。对于运动项目动作技巧的学习，体育教师不仅要让学生知其然，还要让他们知其所以然，把理论和实践完美地结合起来。因此，笔者建议拿出体育课三分之一的时间用于举办讲座、报告，对学生开展人文理论教育，提高他们的体育综合素养。

（四）营造体育文化氛围

校园体育文化是学校人文精神的重要体现，是培养学生体育综合素养的有效措施。由于学生体育综合素养有丰富的内容，而且体育综合素养的培养需要日积月累，光靠体育课堂是不够的，所以需要在校园内营造良好的体育文化氛围，潜移默化地提高学生的体育综合素养。高校可以通过多种方式来营造校园体育文化氛围。首先，通过举办体育赛事，比如体育联赛、各个项目的比赛（需要注意的是高校要做好宣传工作，组织好啦啦队；也可以让一些赞助商加盟）通过这些方式扩大赛事的影响力。其次，健全学生身边的体育组织。目前，很多高校除了体育部就几乎没有其他学生自己的体育组织，俱乐部也差不多都外包出去了。高校可以鼓励学生成立各种体育团队，另外俱乐部也要回归它原来的职能。再次，建设和开放体育场馆和体育设施。如今，很多高校的室内体育场馆都只在学生上体育课的时候开放，想要锻炼的学生只能去校外收费的运动场所。尽管收费不是很高，但是对于学生群体来说也是一笔不小的开销。最后，高校要丰富体育教学内容，把广受学生欢迎的一些体育项目引入课堂教学，打造体育文化艺术节，展现体育的魅力，陶冶学生的情操。

第六章 高校体育健身文化建设

随着全民健身运动的推广和开展，人们的体育健身意识得到增强，而校园体育作为全民健身运动得以顺利开展的重要途径和保障，对在校园中建设体育健身文化有着非常重要的作用和价值。本章就校园体育健身文化建设进行研究。

第一节 高校体育健身活动的科学指导与安全管理

一、学生参与校园体育健身活动的时间选择

（一）早晨运动

早晨进行运动健身是很多人的选择。经过晚上的充分休息，人往往拥有充沛的体力和精力。另外，早晨的空气质量一般相对较好，更加适合进行体育健身。但是，需要注意的是，在早晨进行体育健身时，运动量不宜过大，这主要是因为身体机能并没有处于最佳状态，需要一个适应的过程。很多人在早晨进行运动时多为空腹，如果运动量过大，则可

能会出现低血糖症状。因此，在早晨进行体育健身时，可选择一些中等强度的有氧运动，如健身走、太极拳等。

（二）上午运动

上午进行体育健身时需要注意，由于饭后一小时、饭前一小时不适合进行体育锻炼，所以，上午进行体育健身的时间一般在早饭后两小时进行。如果饭后过早运动，会影响人体的消化、吸收；临近饭前进行体育锻炼则可能会影响人的食欲。为了更好地促进人体的健康，在安排上午的体育锻炼时，不宜安排大运动量的运动。

（三）下午运动

很多人都会选择在下午进行体育运动，运动时间相对较长，运动者可根据自身的需要安排相应的体育健身。在进行大强度的运动之后不宜马上用餐。需要注意的是，在下午进行体育健身时，城市中工业污染和汽车尾气污染相对较为严重，空气质量相对较差。因此，在进行体育健身时，应选择空气质量相对较好的场所。

（四）傍晚运动

傍晚进行体育健身时，应与上床休息的时间相隔一小时以上，在体育健身之后，有充分的时间进行整理和休息，这样不仅能够取得一定的体育健身效果，还能够有利于睡眠。在傍晚进行体育健身时，运动量不宜过大，否则会影响肠胃的消化和吸收。如果在睡前进行剧烈的运动，则会使机体处于兴奋的状态，会影响睡眠。

二、学生参与校园体育健身活动的环境卫生

人们生活的环境与身体健康状况具有密切的关系，在体育健身时，了解环境对体育健身的影响，对于身心健康的发展具有极为重要的意义。下面将自然环境对人的健康的影响进行分析。

（一）空气

1.空气对人体健康的影响

空气是人体赖以生存所必不可少的环境因素之一。它对人体的生命与健康有极为重要的意义，尤其对物质代谢、气体代谢和热代谢（体温调节）等方面的作用更为重要。人体通过呼吸功能与外界环境随时进行气体交换。当空气中氧含量降低至10%时，人体会出现恶心呕吐，中枢神经活动减弱。当氧含量降至7%～8%时，对一般人来说是一个危险界限，会出现窒息、体温下降、昏迷、循环障碍，甚至死亡。

人在生命活动过程中需要吸入足够的氧气。新鲜空气可以振奋精神，消除疲劳，提高学习和工作效率，也能改善睡眠、呼吸功能，提高基础代谢。在体育锻炼时，机体为了满足运动时氧的需要，内脏器官呼吸、循环系统的活动相应加强，特别是呼吸加深加快。如果空气不清新，含

灰尘杂质和有害气体较多，不但直接影响空气中氧的含量，使体内氧的补充受到影响，而且，其中夹带的细菌、病毒还容易进入体内，引起呼吸道及其他疾病。因此，在体育锻炼时，更要注意在空气新鲜的环境下进行。为了防止灰尘进入肺内，应当养成用鼻子呼吸的良好习惯，因为鼻腔中的鼻毛和黏膜分泌的黏液对空气中的灰尘、细菌等有一定的清除作用。

2. 空气中的主要有害成分

这个世界每天都有无数火炉、锅炉在燃烧，无数的机动交通工具在奔驰。火炉、锅炉和交通工具都需要用煤或石油产品作能源，随着煤和石油产品的燃烧，各种有害物质被排放到了大气中，污染了空气。

二氧化硫是煤燃烧的副产物之一，当空气中有百万分之六的二氧化硫时，人就会闻到一种呛嗓子的气味。二氧化硫和水蒸气反应生成亚硫酸，亚硫酸在空气中可氧化成硫酸，随雨下降就是酸雨，随雾飘浮在空中就会腐蚀建筑物。

氧化氮是氧和氮在燃烧中形成的气体，有毒，大马力的汽车会产生较多的氧化氮。

PM2.5又称为细颗粒物、细粒、细颗粒。它是环境空气中空气动力学当量直径小于等于2.5微米的颗粒物。这种颗粒能够较长时间悬浮于空中，随着其在空气中浓度的增加，空气污染也越严重。PM2.5颗粒小，面积大，在大气中停留的时间长，并且易附带有毒、有害物质，其随呼吸进入肺泡后，直接影响肺的通气功能，人长期暴露在颗粒污染严重的空气中，可能会引发心血管病、呼吸道疾病以及肺癌。

3.空气污染对人体健康的害处

空气污染对人体健康的害处，可概括为以下三个方面。

（1）急性危害

因气候条件，大量空气污染物不能扩散或转移，或因工厂一次性大量排放有害物质，人们在短时间内吸入很多有毒物质，就会发生急性中毒。

（2）慢性危害

长期生活在污染区的人，呼吸系统受到空气中有毒气体的慢性刺激，呼吸道的防御功能受到损害，就容易患感冒、支气管炎、肺炎等疾病。大气中的烟尘颗粒，也是造成慢性危害的主要因素。

（3）致癌作用

在空气污染物中，有致癌作用的物质多达几十种，最主要的是来自煤烟、汽车尾气和柏油马路灰尘等。其中一些毒性物质致癌作用很强，长期刺激皮肤，会使人患皮肤癌；长期吸入呼吸道，会使人患肺癌。许多国家的统计都表明，城市肺癌发病率高于农村，这与城市空气污染严重有重要的关系。

4.到空气新鲜的地方去锻炼效果更好

新鲜空气一般是指含氧较多、含杂质和灰尘较少的空气。在含氧较多的新鲜空气中运动，能帮助我们提高运动能力，增强体育锻炼的效果。氧是维持生命和健康所必需的，在剧烈运动时，如果氧供应不足，新陈代谢不能顺利进行，就不能坚持很长时间。

脑力劳动时单位重量的脑组织消耗氧则更多，大大超过了单位重量肌肉所消耗的氧。大学生长期在人数较多并且不通风的场所学习时，由于空气中含氧较少，二氧化碳较多，氧供应不足，使血液里的含氧量降低，所以会感到头昏脑涨。所以在课间或做运动锻炼时应当到室外空气新鲜的地方去，同时要多做深呼吸，以改善血液中的含氧量，促进脑的机能，提高工作、学习效率。

需要注意的是，人体对缺氧的耐受力可以通过相应的体育锻炼来提高。一些运动项目的运动员通过相应的训练，可以明显提高在空气中缺氧的耐受力。大学生可通过相应的运动训练来提升这方面的能力。

（二）气温

人类是恒温动物，外界气温的高低对人体的体温调节和新陈代谢有很大的影响。在不同的气温下，人体的新陈代谢强度和散热方式会发生相应的变化。气温在21℃左右时是人体最适宜的温度，此时的生理机能最佳，这时机体的工作能力发挥最好。

在气温超过35℃时，人就会因大量出汗、体液减少而运动能力下降，甚至会出现痉挛、中暑等情况。适应热环境者在气温较高时可进行运动，但应注意避免阳光直射，运动时应穿浅色、轻薄和透气良好的服装，运动量由小到大，逐渐达到预定的要求。要经常性地补充水分，适当的淡盐水更好，如出现头晕、抽筋、皮肤湿冷等状况，要立即停止运动，到阴凉处进行处理。一般人对热环境的适应需 4 ~ 8 天。

低气温对人体的损害主要是造成局部冻伤。在较冷的环境中进行体育锻炼，严寒会给机体带来一些不利影响，如肌肉工作能力下降、运动能力受到影响。在寒冷环境中，人可能由于体温散失过多而出现头晕、协调能力下降、步子不稳。在进行体育锻炼时，如果能循序渐进，坚持在冷环境中运动，可改善人体对寒冷的适应能力，提高耐寒力，有利于身体各系统机能的进一步加强。

在寒冷环境中进行体育锻炼时，应选择合适的保温、防寒运动服装，太臃肿的服装会给运动带来不便，还会导致体热不易散出。体育锻炼前要充分做好准备活动，这样既有利于达到预期的运动效果，又可有效防止运动中出现损伤。

（三）湿度

空气的湿度影响着人体的散热过程。如在高气温下，空气湿度大，就会使机体的蒸发散热受到阻碍，体热蓄积而易造成中暑。而当低气温时，空气湿度大会增加机体的传导散热，使人感到更冷，并易造成冻伤。

因此，空气湿度过大或过小均对人体不利。正常情况下，空气的相对湿度以 30% ~ 70% 为宜。

另外，空气湿度还能加重污染程度，这是因为水蒸气容易以烟尘微粒为凝结核而形成雾，使有害气体不易扩散，所以雾天空气污染比较严重，不宜在室外进行锻炼。

（四）太阳光线

在夏季进行体育锻炼时，强烈的阳光可能会晒伤皮肤，甚至引发人体中暑。因此，在进行体育锻炼时，应注意防晒避暑，避免在阳光强烈的地方进行体育运动。

阳光中有紫外线和红外线。紫外线带有很大的能量和很强的化学刺激作用，是一种消毒杀菌能力很强的光线。皮肤被它照射后，能提高抗病能力，还能使皮肤里的 7- 脱氢胆固醇转变成维生素 D。另外，紫外线还能刺激人体的造血功能，使骨髓产生更多的红细胞，对预防贫血有一定的作用。红外线是产生热作用的射线，对人体起温热作用。它的热能可穿过皮肤深入肌肉组织，使血管扩张，加快血液循环，改善人体的功能，增强物质代谢，同时还可以兴奋神经，使人精神振奋。

三、学生参与校园体育健身的生活卫生

（一）睡眠与健康

睡眠是人们消除疲劳、保持身体健康的生理功能之一，是一种重要

的生理现象，是人脑和各器官的一种最基本的休息方式。著名的生理学家巴甫洛夫认为，脑组织中存在着一种抑制灶，当抑制灶处于优质状态时抑制就会向周围弥散，引起大脑皮层的普遍抑制，从而产生睡眠。当人处于睡眠状态时，一切感觉功能和生理功能都下降到最低水平，人体似乎与周围环境暂时失去了联系。睡眠时心脏活动减慢、变弱，血压降低，呼吸减慢，尿量减少，体温略有下降，人体的代谢率偏低，整个机体处于调整和恢复状态之中。

一个人每天都要有充足的睡眠。睡眠时间的长短，要根据不同的年龄而定。一般来说，学龄前儿童每天需要 10 小时的睡眠，青少年每天需要 9 小时的睡眠，成年人每天需要 8 小时的睡眠。

睡眠时间长并不等于休息好。衡量睡眠的标准主要是"质"，即睡眠深度。像"春眠不觉晓"形容的那样，深沉而恬静，一觉到天亮，才能有效地消除疲劳。如果睡眠质量高，可适当缩短睡眠的时间。

要想提高睡眠的质量，首先要养成良好的生活习惯，每天按时睡觉，按时起床。其次要为睡眠创造良好的条件。卧室要安静，空气要流通，光线宜暗，被子要轻软暖和、清洁卫生，这样有助于入睡。注意睡前不要喝浓茶、咖啡，也不要吸烟，因为这些对大脑都有刺激作用，容易引起兴奋。

长期失眠使人感到很痛苦，也会影响人的健康。引起失眠的原因是多方面的，有些大学生往往是由于学习或娱乐等，打乱了正常的生活规律，影响了睡眠的节奏，致使精神长期处于紧张状态，导致大脑皮层的兴奋与抑制发生紊乱，造成失眠。在这种情况下，必须从调整生活、学习时间安排入手，恢复正常的生活节奏，才能使失眠得到治愈。同时，失眠往往不是一种孤立的症状，还可能与高血压、心脏病、神经衰弱等疾病有关。因此，如果连续几天失眠应及时去医院检查诊治，只要原发病治愈，失眠症状就会随之消失。

为了使睡眠质量提高，在睡前应注意避免过于兴奋，避免进行剧烈的体育锻炼。在睡前应先静心，保持良好的心态，这样才能够更好地进入睡眠状态。

（二）戒除不良嗜好

1. 戒烟

世界卫生组织和各国科学家做了大量的社会调查和科学试验，证明吸烟对健康有很大的危害。吸烟能诱发和加重多种疾病，降低人体的健康水平，甚至缩短人的生命。

吸烟的危害在于，香烟中所含的大量有毒物质，会伴随吸烟活动进入人体，侵蚀机体的健康。在这些物质中危害最大的是烟碱（尼古丁）、烟焦油和微尘，其中烟碱是神经系统和血液循环系统的杀手，毒性强烈；而烟焦油则与喉癌、口腔癌、食道癌、胃癌，特别是肺癌关系密切；一支香烟中有几万粒微尘，而吸入大量的微尘，不断刺激气管的黏膜，就会引发咽喉炎、嗓子变哑、咳嗽和支气管炎等症状。人在刚开始吸烟时并不适应，会引起胸闷、恶心、头晕等不适，但如果吸烟时间久了，血液中的尼古丁达到一定浓度，会反复刺激大脑并使各器官产生对尼古丁的依赖。

吸烟不仅害己，还会损人。一些不吸烟的人，如果处于烟雾弥漫的场所，会吸入吸烟者喷出的烟雾，称为被动吸烟，危害也很大。

2. 避免饮酒

酒的主要成分是酒精，也称乙醇，是一种有毒物质，如果大量摄入，会毒害人体的一切细胞，对身体产生破坏作用。

人体的神经系统对酒精极为敏感，有些人饮了少量的酒后，会变得"健谈"起来，这就是中枢神经系统功能失调的初期表现。

酒精对心脏危害较大，长期过量饮酒，会使心脏变形，失去正常的弹力而增大。长期饮啤酒的人，心脏扩大最为明显，医学上称为"啤酒心"。酒精还会使血液中的脂肪物质沉淀在血管壁上，使血管变窄，血压升高，增加心脏的负担。

（三）劳逸结合

学习时间长，大脑会出现疲劳现象，学习效率下降，视力也受到影响，这时就需要进行休息和调整。最好的方式是采用积极性的休息，如进行体育活动或散步等。每天保证一小时的锻炼时间，能够提高大脑的反应能力，对保持视力健康也具有积极的意义。

如今电脑逐渐普及，并且已经成为大学生生活和学习中的标准配置。但是，很多大学生没有养成良好地使用电脑的习惯。很多学生连续几个小时盯着屏幕看，常会感到眼睛疲劳，有时头痛，甚至会使眼睛聚焦困难，看东西模糊；有的由于长时间玩电脑游戏，不但视力受到很大影响，还使大脑长时间处于紧张状态，导致肠胃功能紊乱而影响健康。

大学生是不折不扣的"晚睡族"，其精力充沛，白天被学习束缚，晚上才会有充足的时间做一些喜欢的事情，因此很多大学生通宵熬夜成了常态。熬夜现象常常出现在考试前夕，这样的学生为数不少。这样做最大的危害是使人体的生物钟被打乱，导致睡眠不足，影响大脑功能，容易引发失眠和神经衰弱等病症，所以说是不可取的。

（四）运动服装与卫生

在进行体育锻炼时，穿合适的运动服装是非常重要的，并且不同的运动对于服装也会有不同的要求。运动衣要轻便、舒适，夏季以浅色薄运动衣裤为好，冬季在不妨碍运动的前提下，应注意衣服的保暖性。另外，运动服装还应有较强的透气性和吸湿性。还要注意个人的卫生，要勤洗勤换。具体而言应注意以下几个方面的问题：

1. 运动鞋

运动者在选择运动鞋时，应根据自身所从事的运动项目的特点进行选择。很多体育运动都有其专业的运动鞋，如篮球鞋、足球鞋、网球鞋、舞鞋等。这些运动鞋专门针对各个运动项目的特点而设计，能够保证运动锻炼者更好地开展各项体育运动。如果篮球运动者在进行篮球运动锻炼时不穿篮球运动鞋，则在运动时可能很容易滑倒，并且还可能出现脚部的损伤；另外，篮球运动对于鞋子的磨损也较大，一般的鞋子根本无法满足篮球运动的需求，穿普通的鞋子运动时会很容易损坏。

在选择运动鞋时，一定要试穿，确定鞋子的大小与脚的大小相合，如果过大或过小，都会对体育锻炼造成不利影响。另外，运动鞋应有助于透气、排汗，尽量不要选择橡胶运动鞋。运动鞋也不应太重，避免脚部负担过重。

除了挑选合适的运动鞋，还应选择专业的运动袜，运动袜应相对较厚，不仅有利于汗液的吸收，还能够缓冲运动过程中的震动。另外，运动袜还能减少脚部摩擦受伤。

2. 运动衣

运动衣一般要相对宽松，在运动过程中使人感觉较为舒服，并且能够有利于血液的循环，保证人体正常代谢物的排泄。如果运动服过紧，则可能不利于汗液的排泄，还可能会造成皮肤的擦伤。另外，紧身的衣物也会对人体的肢体和关节具有一定的束缚作用，不利于运动中各种动作的完成。

在运动中，还应注意及时更换衣服，如在天气较凉时进行运动，排汗量增加时应及时去除外套；在运动之后应及时增加衣服（应及时更换被汗水浸透的衣服）。

需要注意的是，很多人认为，穿不透气的衣服进行体育锻炼能够增加排汗量，从而达到减肥的目的。这是一种错误的观点，这会很容易造成人的脱水和中暑，从而给人体带来一定的伤害。

四、女大学生参与校园体育健身活动的体育卫生与保健

女子经常参加校园体育健身活动，不仅可以促进身体的生长发育，增进健康，提高身体各器官和系统的功能水平，使之能更好地胜任对身体要求较高的工作任务，而且还可以使身体各部分的肌肉得到协调均匀的发展。特别是通过体育健身能使腹肌、腰背肌和骨盆底肌的肌肉力量得到增强，这对于其以后妊娠期的身体健康具有积极的作用。

（一）女子参与体育健身的注意事项

青春发育期后，由于男女少年在身体形态与生理机能及素质方面逐渐出现明显的差别，而且女子从少年开始有月经来潮，因此，在进行体育健身时，必须考虑到身体的生理特点，因此提出以下几个方面的体育

健身要求：

第一，女子心血管、呼吸系统机能较差，对锻炼的强度、时间及负荷量在运动时需要根据其主观感受确定。

第二，女子肩部较窄，臂力较弱，做悬垂、支撑及大幅度摆动动作较为吃力，在学习这些动作时，要注意循序渐进。

第三，女子身体重心较低、平衡能力较强、柔韧性较好，适宜进行健美操及体操等活动。在锻炼中，应注意保持和发展其柔韧性，有意识、有步骤地使她们加强肩带肌、腹肌、腰背肌和骨盆底肌的锻炼。

第四，不宜做过多的从高处跳下的练习，地面不可过硬，并注意落地姿势，以免使身体受到过分震动，从而影响盆腔脏器的正常位置及骨盆的正常发育。

第五，通过体育锻炼发展力量、速度和耐力等素质，提高女大学生的健康水平和运动成绩，并且养成长期锻炼的好习惯。

（二）女子月经期的体育卫生

月经是女子的正常生理现象，在月经期间，人体一般不出现明显的生理机能变化。因此，月经正常的女子在月经期间，可以参加适当的体育活动，如做广播操、打乒乓球、打羽毛球或打排球等活动。通过这些活动，不仅可以改善盆腔的血液循环，减轻盆腔的充血现象，而且运动时腹肌与骨盆底肌的收缩与放松活动对子宫所起的柔和的按摩作用，还有助于经血的排出。此外，丰富多彩的体育活动还可以调节大脑皮层的兴奋和抑制过程，从而减轻全身的不适反应。月经期进行体育锻炼应注意以下几个方面的问题：

1. 运动量应相应减少

由于一般人在月经期间身体的反应能力、适应能力和肌肉力量会有所降低，神经调节的准确性及灵活性也有所下降。因此，月经期间运动量的安排要适当减少，活动时间不宜过长。月经期间一般不宜参加比赛，因为比赛时，活动强度较大，精神过于紧张，体力及神经系统都不能适应，易导致卵巢功能失调引起经血过多或月经紊乱。

2. 不宜进行游泳运动

月经期间除应注意经期一般卫生之外，还不宜游泳。因为经期子宫内膜脱落后，子宫内形成较大的创面，子宫颈口略微开大，宫腔与阴道口位置对直。此时，人体全身与局部对病菌侵袭的抵抗力下降，游泳时病菌可能侵入内生殖器官，进而引起炎症。此外，月经期间也应避免寒冷刺激，特别是下腹部不应受凉，冷水浴锻炼也应暂停。

3. 不宜进行剧烈运动

月经期间应避免做剧烈的、大强度的或震动大的跑跳动作（如疾跑、跨跳、腾跃、跳高、跳远等），以及使腹内压明显增高的屏气和静力性动作（如推铅球、后倒成桥、收腹、倒立、俯卧撑等），以免子宫受到过大的震动或由于腹内压过于增高而使子宫受压、受推，造成经血过多或引起子宫位置的改变。

4.不宜进行体育锻炼的女性

对月经紊乱（经量过多、过少或经期不准）以及痛经（经期下腹部疼痛）和患有内生殖器炎症的女生，在经期间应暂停体育活动。

五、学生参与体育健身活动的常见误区

（一）体重越轻越好

很多大学女生认为，体重越轻越好，这是一种错误的观念，应及时进行纠正。现代人以瘦为美，并且瘦身已经成为一种时尚，在这种"时尚"的影响下，减肥成为很多女性日常生活中的重要活动。但是，关于体重，我们应从以下三个方面进行理解：

第一，肥胖有害健康，这是人们普遍认可的。

第二，减肥是要减去体内多余的脂肪。

第三，体重过低不利于人体的健康。

当人体肥胖时，其体内脂肪过多，这会引起人体的生理和心理的不良变化，对健康形成一定的威胁。当人过于肥胖时，高血压、心脏病、糖尿病等疾病的发病率会增加，并且更容易患上脂肪肝、内分泌紊乱等疾病。另外，由于现代社会以瘦为美，肥胖会让人产生一定的心理压力，形成一定的心理障碍。因此，如果肥胖，则可以通过多种手段来减去体内多余的脂肪。

但是，需要注意的是，脂肪组织是人体的重要组成部分，具有多方面的生理功能，如保温作用、保护和固定作用、供给脂肪酸作用、携带脂溶性维生素并促进吸收的作用等。如果处于青春期的女性其体内脂肪含量不足体重的 17% 时，就很难形成月经初潮，不利于生殖系统的发育以及功能的完善。体重过低还会造成免疫力降低、骨质疏松、女性月经不调等，影响成年人的体质健康。

（二）减肥就是降体重

很多人将减肥和降低体重混为一谈，将两者等同起来，这是一种错误的观念。人体包括 50% ~ 60% 的水分、5% ~ 30% 的脂肪和 15% ~ 30% 的肌肉和骨骼。减肥是减去体内多余的脂肪，而减重则并不一定是体内脂肪的减少，这是一种不科学的健身方法。竞技运动员为了竞技项目的需要，往往采用减重的方法来符合各个级别的体重标准，或获得一定的体重优势。

在进行减肥之前，应对自身身体成分进行测量，重点关注体脂的百分比，如果体脂百分比并不高，则不必进行减肥。如果女性体内脂肪低于 10% ~ 12%，则可能会出现月经紊乱、缺铁性贫血、免疫力降低等问题。

（三）跑步是有氧运动，力量练习是无氧运动

很多人认为跑步、游泳是有氧运动，而力量练习和球类运动是无氧

运动，这是一种错误的观点。有氧运动与无氧运动之间的区别并不在于运动的形式，而是在于人体在运动时的能量代谢方式。当人们吸入的氧气能够满足机体在运动时对氧气的需要时，氧气的供应达到了供需平衡，人体的能量代谢方式主要是有氧代谢。如果人体吸入的氧气量并不能满足人们运动的需求时，则人体提供能量的主要方式转变为无氧代谢——糖、脂肪和蛋白质的分解代谢。

以最简单的跑步运动为例，当人跑的速度较慢时，运动强度相对较小，此时机体的供能方式主要是有氧代谢，则运动也为有氧运动；当跑速较快时，则人体的供能方式主要是无氧代谢，则该运动为无氧运动。因此，我们不能将一项运动简单地归纳为有氧运动与无氧运动，更应该注重其运动的强度。

第二节　阳光体育背景下高校体育文化建设路径

一、加强大学生校园健身管理和指导工作

根据调查可知，虽然大学生对健身有较好的认知，对健身活动有一定的兴趣，但是他们的健身意识不稳定，兴趣容易发生转移，实际健身行为不太积极，因此，加强领导，建立并完善校园健身制度和评价体系，统一组织管理和指导工作对大学生校园健身活动的开展显得尤为重要。

强有力的领导班子是推动高校健身文化事业发展的前提，学校可以成立学生健身工作委员会，统一组织和管理学生校园健身活动的开展，使校园各项健身活动有领导、有计划、有组织、有落实。同时，支持学生成立各种健身协会或健身社团，并且为他们的健身活动创造一切有利条件，并提供引导、支持和帮助，使之能顺利开展。

校园健身规章制度是构建校园健身文化的依据。通过制定大学生校园健身的各项规章制度，建立完整的校园健身活动评价体系，把校园健身活动纳入法制化、规范化、科学化的运行轨道。可在学校相关考核条例中，明确学校各部门在健身活动中的基本职责，把学生的健身活动列入学校各部门每学期的工作计划，并制订出相应的实施方案。建立师生合作监测制度，实时动态地监控学生校园健身活动的开展情况和校园健身文化的发展状况，以最先进、最优秀的文化来促进和引导校园健身活动持续发展。同时要完善各种对学生参加健身活动的评价体系，可以通过改革高校体育课成绩评定办法，将原来单纯的技评、达标、终结性评价体系融入体能素质、参加校园健身活动的态度、表现与团队精神等多维内容，以此来提高大学生的校园健身实效。

认真做好大学生健身活动的组织与指导工作。充分发挥高校体育教师团队的专业特长，帮助学生根据自己的具体情况（身体素质、兴趣爱好、时间地点等）确定健身锻炼目标，选择好健身项目、方式和手段，制订好适合自身的健身计划，并付诸实施。建立健身项目现场辅导站和网络指导站，安排学校体育老师帮助学生调整健身计划，对健身活动中出现的各种情况进行科学的分析、指导、帮助，不断强化学生参与健身活动的兴趣，促使其坚持参加健身锻炼，同时也能够吸引更多的人参与其中。

二、积极改善高校校园体育健身环境

从心理学上讲，当大学生已经认识到了健身的意义和作用，对健身产生了较浓厚的兴趣时，他们的健身意识就会处于自觉活跃状态，就会主动利用校园健身资源来满足自己的健身愿望。如果这时学校的健身资源不能满足学生的健身锻炼需要，那么他们健身的主动性将逐渐消退，健身的实效也将大打折扣。调查结果表明，大多数学生都愿意在校园里参加健身锻炼，学校健身资源的短缺，会直接影响到大学生参加健身锻炼的意愿。因此，高校应结合现有条件充分挖掘本校体育健身资源潜力，为大学生开展体育健身活动创造条件。

要争取学校领导对校园健身文化建设的高度重视，为校园健身文化建设提供领导和为体育健身基本建设投入经费。积极改善高校的体育健身设施状况，扩大体育健身活动设施占地面积，建设小型多样的健身场所，增添必要的现代体育健身设施。还可以购置一些健身器材摆放在校园操场上，让学生自取、自用、自放，并提供多种学生感兴趣的健身项目，如攀岩、户外运动、野外生存等项目，来激发学生参与健身的热情，真正把"让"学生健身锻炼变成学生"要"健身锻炼的现实。

体育教师团队是构建和完善校园健身文化的重要保障。学校体育教师要在不断提高自身业务水平能力的同时，也要注重调整转变知识结构、不断增强知识创新意识，使自身所储备的体育健身内容、方法、手段能满足大学生校园健身的需要。同时，要不断深化高校体育课程改革，在认真完成国家规定的课程方案的前提下，积极开发以健身教育为重点的公共选修课程，编写一些有本校特色的健身教育校内教材，向学生传授体育健身知识和方法，逐步形成和完善学校健身教育特色课程和健身教育的课程体系。另外，高校体育课和课外活动时间是学生开展健身活动的主渠道，要充分利用"三课两操"时间开展健身游戏、健身体操和健身舞蹈等系列活动，让学生在活动中学会健身，在健身中丰富文化，并养成健身的良好习惯。

三、努力营造良好的高校校园健身文化氛围

（一）健身文化活动要丰富多样

丰富多样的健身文化活动是构建校园健身文化的核心。学校通过开展"校园健身文化系列活动"，能够加大校园健身文化宣传教育力度，使文化与健身呈现良性互动，这样既可以让大学生对健身文化有一个直

接的感性认识和良好的情感体验，也能够让他们进一步了解健身的意义、目的、价值和方法，树立正确的健身观，从而提高大学生的创新能力和艺术欣赏水平。

（二）定期举办校园"健身节"

"健身节"的活动形式可以多样化，既包含健身表演、健身比赛、健身文化宣传教育等，也可以开展一些体育讲座、演讲等。"健身节"不仅要开展各种有趣的健身活动，还要让学生在健身趣味活动中感受到健身锻炼的快乐，并为他们提供一个展示自我和发现自我的平台。另外，还可以利用"健身节"开幕式、闭幕式等大型活动让全校学生和老师参加，也可以让外校师生参加，这既是全面地展示学校的健身文化生活的一个机会，更是对外宣传学校的一个窗口，通过宣传能够让社会更多地了解学校，使校园健身文化形成一定的社会效应。

（三）改革校运会

为了让学生适应日益增长的校园健身文化需求，可以把以运动竞赛为主的校运会转变为融健身、竞技、娱乐、艺术、文化活动为一体的现代体育活动。项目编排可结合学生的兴趣、民族特色、地方特色和传统特色开设一些新的健身体育项目和表演项目，如广播体操、健美操、狮舞、龙灯舞、滚桶、多人多足、毽球等。把现代文化与民族文化、地方文化和传统文化相互交融，使校运会充满文化气息，丰富和促进校园健身文化的发展。

（四）渲染氛围

渲染氛围是校园健身文化发展的必要条件。积极开展以校园健身为主题的各种形式的比赛活动，如"美在健身"绘画比赛、"健身诗歌"征集比赛和"在健身锻炼中成长"征文比赛等。通过比赛活动，让学生把参加健身活动中的精彩瞬间及感人场面和自己在健身活动中的经历、感悟等描绘成画，编织成诗，撰写成文来提升学生对校园健身文化的认识，营造浓厚的校园健身文化氛围。另外，要充分运用学校的网络、报纸、广播和板报等媒体，有目的、有计划地开展宣传活动，提高大学生对健身的认识，树立正确的健身观。另外，可以邀请奥运会获奖运动员来校做报告或讲座等，宣传奥运健儿顽强拼搏的精神，让学生进一步了解奥运精神，并将奥运精神转化为参与健身锻炼的推动力，以实际行动投身到校园健身文化建设中，为构建和谐校园作贡献。

第七章　高校体育竞技文化建设

竞技体育文化作为一种文化现象，在现代社会给人们的生活和工作带来了重要影响，而竞技体育文化传入学校后，成为校园体育文化的重要组成部分，对学校体育的发展及学生的成长也产生了重要影响。科学建设校园竞技体育文化，可推动竞技体育积极作用的发挥和校园体育文化体系的健全与完善。本章主要就校园竞技体育文化建设进行研究，主要内容包括竞技体育文化概论、校园竞技活动与育人、我国高校体育竞技人才培养现状及模式构建，以及学校竞技体育与校园体育文化在多层面上的互动发展。

第一节　竞技体育文化概论

一、竞技体育

（一）竞技体育的概念

竞技体育是指运动员以比赛竞争为基本手段，以满足人们审美享受及刺激等需要开展的社会实践。

（二）竞技体育的分类

1. 非正规竞技体育

非正规竞技体育是指运动参加者为达到娱乐休闲目的而进行的带有健身性和游戏性特点的身体活动。尽管这些活动属于非正规的竞技体育，但是与竞技体育相同的是，非正规竞技体育也需要在运动规则的指导下开展，只是这种规则没有竞技体育那样严苛，比较随意，具有临时性。

非正规竞技体育的组织比较松散，运动进行时有时甚至不设裁判员，由双方协商处理场上的争议问题。这种运动几乎没有任何功利目的，参与运动的人也不是为了达到一个多么高的技术水平。一般学校班级间的非正式比赛、社区组织的竞赛、大众体育中的初级竞赛活动等都属于非正规竞技体育。

2. 组织化竞技体育

组织化竞技体育拥有一个基本的管理组织，为了能够使比赛双方在一个公平的环境下争夺"利益"，它有正规的球队、团体和竞赛活动章程、规则，以及有关的组织体系，并提供运动设施、管理人员，在有争议时可以出面仲裁，还为参加者提供训练和比赛的资格和机会，对参加者的合法权益加以维护。这类竞技体育组织一般包括各国各地区体育协会、职业俱乐部、体育运动青年会、大学球队等。

3. 商业化竞技体育

商业化竞技体育融合了非正规竞技体育与组织化竞技体育的某些要素，但它更多地被笼罩于某种商业目的或企业文化目的之下，因此使竞技体育中增添了许多商业活动和商业行为。这种竞技体育具有高度组织化的特征，参与者常常被分割成对立的利益群体。

二、竞技体育文化

（一）竞技体育文化的含义

作为体育文化的重要组成部分，竞技体育文化是奥林匹克运动的核心范畴，包含人本和谐、人与自然的和谐、人与人的和谐和国际社会关系的和谐等内容，体现出公平正义、充满活力和积极乐观向上的拼搏精神。

（二）竞技体育文化的特征

1. 规则性

竞技体育文化具有规则性，主要表现为运动员在比赛进行时要受到各种规则的约束。通常运动员在比赛开始前要了解运动规则，否则就不能对这种特殊游戏的运动进程有所把握。这是物对人的制约，也是主体之间的相互制约。体育竞赛是一场"没有硝烟的战争"，它能将人们心底深处的竞争欲望通过运动的形式表现和宣泄出来，但同时在此过程中又要受到规则的限制，以保证运动过程的公平。

实际上，竞技体育活动主体的规则性是自我约束机制的产物，是体育不同于其他活动方式的准则，也是体育文化内部多种形态的基础。

2. 互动性

竞技体育文化与体育文化在很多方面都存在共同点。例如，对于体育文化来说，体育文化是在人与自然、人与人关系的过程中的行为意识、行为方式、行为准则的积淀，这种积淀只有在活动的主体，即人与人在特定条件下的互动中才可以实现。竞技体育也是如此。

竞技体育活动主体的互动表现在许多方面，如在集体项目中运动员之间的互动；运动员与观众的互动；观众之间的互动；运动员协会与球迷协会之间的互动等。在各方互动下，时常会出现一定的角色冲突。另外，金牌战略、举国体制、职业化等也是这种互动下的社会适应。在一些体育活动中，活动内容之间的互动使它们在形态上相似而使迁移有了某种可能，可以说是活动的主体在其互动过程中对活动内容认识后的结果。不同的运动形态有其项群特征，表现出一定的相似性，如篮球与橄榄球运动方式之间的关系、橄榄球和足球的关系、乒乓球与网球"同宗同源"的关系就体现了这种特点。

3. 选择性

竞技体育文化还具有选择性，这主要表现在竞技体育活动主体的选择活动。竞技体育活动的主体在选择上，实际上是人与体育活动双向选择的过程和结果，不同的社会角色从事体育活动有其选择，从另一个角度来说是活动内容对不同角色的选择。这种选择是以活动内容、活动主体和社会角色等为依据而确定的。通常情况下，一般大众很少能接触到诸如高尔夫球或一级方程式赛车等运动，这主要是因为参与这些运动的准备条件较多，一般大众很少能担负起构建这些条件的资金。

由于竞技体育活动主体角色的特殊性，竞技体育活动内容的选择性既取决于内容本身，也取决于主体角色，竞技体育运动员选择的活动内容在形式上体现出高度的专门性，当然有些运动员也具有全面地参与其他运动项目的能力，如飞人乔丹既是篮球高手，同时也是棒球高手。不过这种"兼容"更多地出现在同类运动当中，如有的田径运动员主攻短跑项目，但同时兼顾参加跳远项目等。

在确定竞技体育活动的主体、内容后，与之相适应的是活动方式的选择性。需要指出的是，尽管可能会出现不同社会角色进行同一活动内容，但是活动方式在数量和质量上仍然具有明显差异。对于球类运动而言，运动员的活动方式与大学生参与的体育运动完全不同，尽管大学生参与的体育运动也有一定的竞争性、竞技性成分，但是反映这些竞争性、竞技性的方式与过程却是不同的，这与竞技体育运动存在明显的差别。

（三）竞技体育文化发展的意义

1. 竞技体育文化对人本和谐的构建

人自身多种功能的协调与良好融合是人本和谐的主要表现，如人的身体健康、心理状态良好、社会适应能力较强，具有正确的人生观、价值观和世界观。此外，人与自然、社会的和谐也是人本和谐的内容。

竞技体育文化对人本和谐的塑造主要体现在追求人身心发展的一致性。其实早在几千年前的古希腊人的思想中就已经存在这种理念了，考古学家曾经在希腊一处峭壁上发现了一句古老的希腊格言："如果你想强壮，跑步吧！如果你想健美，跑步吧！如果你想聪明，跑步吧！"可见古希腊人对体育的热爱以及他们很早就充分认识到健全的精神寓于健全的体魄之中，而且这种对体育运动的意愿远不仅是热爱那么简单，他们甚至早已将这种理念融入民族的血液之中并流传下来。

时至近代，现代奥林匹克运动之父顾拜旦在其著名的《体育颂》中热情洋溢地礼赞："啊，体育，你就是美丽！你塑造的人体，变得高尚还是卑鄙，要看它是被可耻的欲望引向堕落，还是由健康的力量悉心培育：没有匀称协调，便谈不上什么美丽。你的作用无与伦比，可使人体和精神和谐统一。"[①]顾拜旦以诗一般的语言肯定了竞技体育既塑造美丽的人体，也塑造美丽的心灵，并使二者达到和谐统一。

---

① 乔治·赫斯勒.顾拜旦传 上 [M].吴果锦，译.北京：北京出版社，2018.

另外,《奥林匹克宪章》也进一步解读了竞技体育的人本和谐的含义:"奥林匹克主义是将身、心和精神方面的各种品质均衡地结合起来,并使之得到提高的一种人生哲学。"这句话反映出奥运会将完整而健康的"人"的塑造,促使人们具有健全的心理素质和良好的社会公德,把培养全面发展的人看作是竞技体育的精神实质。《奥林匹克宪章》认为一名没有良好品德的运动员即便得到再好的名次,也不能得到他人的尊重和敬仰。这就从侧面说明了竞技体育并不仅仅是想要得到在某项运动中拥有登峰造极水平的运动员那么单一和纯粹,它还需要运动员拥有与这种运动水平相匹配的素质。

2. 竞技体育文化对人与自然和谐的构建

人类社会要想平稳、快速地发展,就必须对人与自然之间的关系予以重视,促进人与自然的和谐发展。人与自然的和谐是指既关注人类,又关注自然,实现人与自然携手,生物与非生物共进,过去与现在统一,时间与空间协调。竞技体育与人类任何活动一样,必须依附一定的自然环境,否则,它就无法存在和发展。竞技体育的可持续性发展离不开对自然环境的利用,也要在发展的同时保护自然环境,二者必须协调统一。

关于人与自然和谐发展的重要性,近年来已经有越来越多的人认识到在体育发展与保护自然环境中寻找平衡点非常重要且紧迫。我国成功举办北京奥运会后,"绿色奥运"的理念深入人心,对人与自然的和谐发展起到了重要的宣传与推动作用。现代竞技体育中蕴含的"绿色"理念的深层含义在于体育与自然环境的共生与相互关怀，在于体育在促进人与自然环境的和谐发展中所起的重要作用，体现的是人类在竞技体育中对大自然的关怀与人道主义精神。从这一层面上说，竞技体育文化中所蕴藏和弘扬的"绿色体育""绿色奥运"等理念在很大程度上促进了人与自然的和谐发展。

3. 竞技体育文化对人际关系的构建

人际关系的和谐主要是指人与人之间处于一种公平、公正的关系中，在这种关系中每个人享有的权利与义务相同，没有人可以获得特殊化的对待，而且在整体上没有根本性的利益冲突，即便个体之间难免发生某种冲突，但在经过沟通和交流后仍旧能达到相互激励、相互促进的人际互动的社会构想。

竞技体育能够顺利发展，根本在于尊重客观和奉行公平、公正的原则，公平捍卫了体育竞赛的秩序与和谐，公平、公正的原则要求竞赛各方在规则面前人人平等。在这一原则下，人或国家的权势和财富被摒弃在竞赛场之外，在场上对阵的双方不论国籍、社会地位和财产，运动员们只以他们的体力和技能参与角逐，比赛判定胜负的唯一标准是运动员在运动场上的成绩。正如《体育颂》中对体育的赞颂："啊，体育，你就是正义！你体现了社会生活中追求不到的公平合理……取得成功的关键，只能是体力与精神融为一体。"① 这说明了竞技体育中人与人之间是平等与和谐的关系。在竞技体育中，利益的分配有章可循、有则可依，竞技场上的竞争异常激烈，但都是在一个相对公平的环境下进行的。可以说，竞技体育中蕴藏的这种文化内涵对构建人与人之间的和谐具有重要的影响和作用。如果违背了这种规则，那么竞技体育将会停滞不前，甚至会倒退，如20世纪80年代，兴奋剂曾被大量使用在运动员身上。之外，政治对体育的影响使许多国家抵制在那个年代举办的奥运会等。这些打破和谐的因素无疑会制约竞技体育的发展。

4.竞技体育文化对国际社会关系和谐的构建

古希腊时期举办的奥运会有非常丰富的文化特点，奥运会是祭祀活动的一个组成部分。因此，为了保持奥运会的神圣感，古希腊各城邦通过协调约定了在奥运会举办期间任何城邦不能发动战争，这就是所谓的《神圣休战条约》。通过这项约定可以看出竞技体育的古老渊源中已经开始显现出了各个政治主体之间和平、友好的基因，至少是拥有这种基因的趋势和意识。在文明社会里，竞技体育可以以有效而安全的方式转移和宣泄人本性中的暴力和攻击性。竞技体育运动中蕴藏的丰富文化内涵，不仅将攻击性引向有益渠道，而且促进各个国家相互了解，促进民族文化相互交流，促进人类和谐共处。

---

① 乔治·赫斯勒.顾拜旦传 上 [M].吴果锦，译.北京：北京出版社，2018.

第二节　高校竞技活动与育人

一、运动教学育人

运动教学育人是把与运动教学有关育人的理论寓于运动教学过程中的竞技教育。运动教学育人不是一个孤立的教育过程。

（一）转变教学思想

1. 教学中心由技术转向人

传统的运动教学以提高运动技术水平为中心，虽然培养了一批竞技水平高的运动后备人才，但是，这些后备人才的综合素质并不高。当前，国内教育改革提出了从以知识为中心向以人为中心转变的教学思想；教育方式也从"应试教育"向"素质教育"转变。因此，竞技教育的教学思想也必须从以提高运动技术水平为中心，向以促进全面发展为中心转变。把提高运动技术水平，作为促进人的全面发展的载体，努力让学生处理好学会做人与学好技术的关系，这是一项重大的课题。需要注意的是，强调运动教学"以人为本"，并非忽略运动知识技能的教学，而是强调在运动技术教学中要潜移默化地教育人，这一点非常重要。

2.教学的主要矛盾由"教"转向"学"

在传统运动教学中，教师如何"教"一直都是一个十分重要的问题，但很少研究学生"学"的问题。这直接制约了运动教学的发展和学生的全面发展。若教得好，学得也好，运动教学的效果会更好；如果教得不理想，学得好，尚可理解；反之，是不可取的。所以，"学"是运动教学的主要矛盾。当前国内教育改革提出，让学生"学会学习"（培养学生获取知识的能力比单纯传递知识更重要）、"学会做人"和"学会做事"的呼声越来越高。因此，在运动教学过程中，教师应"教会"学生如何学习、做事、做人，学生应"学会"如何学习、做事、做人，这是我国竞技人才后备队伍从"体能型"向"智体型"转变的重要措施。

（二）运动教学育人的内容体系

运动教学育人的内容体系包括理性育人和兴趣育人。

1.理性育人

运动教学的理性育人是指把传授运动理性知识与育人相结合的教育方式。以往的运动教学突出了运动技能的实践教学，忽略将其与运动专业的理论及提高运动员做人素质的教育有机地结合起来进行多方位的育人。

运动教学的理论教学改革，首先，要把专项的人文教育与实践教学结合起来。例如，足球专项理论教学要讲巴西贝利做人的情怀和中国容志行的人文精神；排球要讲中国"女排精神"；乒乓球和体操要讲中国乒乓球队和中国体操队制胜的人文精神，以此教育学生学会做人、学会竞技。

其次，在重视专项运动理论教学的同时，还要加强对学生运动队伍基本素质的教育，包括政治素质、文化素质、身心素质和就业素质等。提高其基本素质可以为其今后"做人、竞技、就业"打好基础。

2. 兴趣育人

运动教学的兴趣育人是指在运动教学中，把培养学生的学习兴趣与掌握技术有机结合起来进行育人的方式。青少年后备人才高超的运动技术是在枯燥的教学与训练中千锤百炼而形成的。所以，在长期的、艰苦的运动教学中培养学生的学习兴趣十分重要。如果学生在没有兴趣的条件下完全靠毅力来学习是很难的。在兴趣的驱使下，即使学习起来有困难，也能坚持完成。因为毅力受辖于"超我"，要靠外在的要求支配内在力量，它需要调动相当大的心理能量来维持。所以，毅力的生成和维系都是较困难的。然而，兴趣受辖于"本我"，是带有一种自然和原始色彩的内在力量，故有强烈的冲动性以及亟待满足的驱动性。因而，兴趣对于完成一项工作比毅力有着更大的爆发力和推动作用。然而，兴趣正因其源头是人的内部心理需求，所以，断了源就没有能量了，而毅力因源头是人们的外在的心理需求，可不断从外部输入能量，因此毅力比兴趣的持续性更大。这也是人们为什么会重毅力而忽略兴趣的主要原因。但是，值得注意的是，当兴趣处于持续不间断的状态时，兴趣对成功的贡献要远远超过毅力。因为毅力是"苦在其中"，兴趣是"乐在其中"。因此，在运动教学中，在培养学生毅力的同时，还要注重培养学生的学习兴趣。

（三）运动教学育人的方法

运动教学的育人法是在教学过程中，教练员潜移默化地把教技术和育人有机结合起来的育人方法。其特点是把授技和育人结合起来，即把运动技术教学作为育人的载体。运动教学的育人法主要有以下两种：

1. 讨论法

教学课后，师生通过讨论有关教学中遇到的问题，让学生充分发表自己的意见，培养其民主意识。这样，真正把教技术和育人结合起来，以此克服以往"空洞"的政治说教的不足。运用讨论法时需注意以下两点。

首先，在讨论前，教师应有准备，要积极引导学生发表个人意见，同时也应正确对待他人的不同意见，使讨论能够在民主和谐的气氛中进行，从而培养师生的民主意识。

其次，在讨论后，教师要有小结，要肯定正确的意见，引导不足的地方，使以后的讨论能够在和谐的氛围中进行。

2. 互助法

互助法是教师主动为学生设计的通过他们之间相互帮助才能完成动作的学习方法。其方法既有利于纠正错误动作和完成高难度动作，又有利于培养学生团结协作的意识。运用互助法应注意以下两个问题：第一，把握好时机。第二，注意安全。通过帮助保护完成高难度技术动作，要十分注意避免伤害事故的发生。

二、运动训练育人

运动训练育人是将与运动训练有关的育人理论和措施寓于训练全过程中的竞技教育。过去，人们认为提高运动成绩是运动训练的核心，这个观点比较片面。提高运动技术水平和运动成绩是在运动训练过程中产生的现象，而真正决定二者提高的是从事运动的人的发展。如果人的综合素质提高了，那么其运动成绩才有可能得到长期、稳定的提高。因此，在运动训练过程中，对待育人与授技应一视同仁，不能偏重一方而忽视另一方。

（一）运动训练育人的特点

运动训练中的育人既与过去的政治说教不同，也不能与德育完全等同，其有自身的特点。

1.寓教于训

运动训练的育人过程不是一个完全独立的过程，它是将做人的教育寓于运动训练整个过程之中的潜移默化的教育活动。

2.民主育人

现代运动训练绝不能像过去那样把运动员视为单向接受运动刺激的客体。科学、民主的运动训练倡导教练员和运动员双向交流、坦诚相见、共同解决问题。

3.管教结合

许多高水平的教练员认为，运动队育人的主要特征是半军事化的管理和民主教育方式的结合。因为运动训练长期而艰苦，这就决定了必须采取严格的、管教结合的方式来育人。

（二）运动训练育人的内容

1.教练员的自我完善

高水平的教练员主要有两种类型，一是智能型的，如国家游泳队的教练员不但文化层次高，专业理论水平和思想境界也较高，更重要的是他们有深刻认识自己、正确认识队员以及自我完善的能力。二是体能型的，这种类型的教练员文化水准较低，但有着很强的运动技能和战术训练指导能力。然而，因为文化程度所限，他们的自我认识、自我改造能力受到了限制。但这部分人往往在还没有完全能解放自己的前提下，就想"高超"地解放别人，这是很难的。因此，要提高运动队伍的整体水平，需努力提高教练员的文化水准和专业素质以及思想道德素质，以便不断认识自己、改造自己、完善自己，进而对高素质的运动员进行培养。实践证明，一个高水平的教练员必须具备能力本位的意识、育苗意识、言传身教意识、创新意识四种意识。

2.运动员的自我完善

运动员自我完善的核心是在自我认识的基础上进行自我完善。自我认识包括对自身自然属性和社会属性的认识。人类虽然是自然界大家族的成员，但由于环境污染、生态平衡的破坏等，人类自身也遭到了破坏。于是，现代人开始限制向自然索取资源和破坏自然的速度，以求社会沿着健康、持续、稳定的"绿色之路"发展。

运动员对自身社会属性的认识，主要是指他们要充分认识人的本质是一切社会关系的总和。具体来说，人是自然与社会、心理与文化的统一。运动员不是生存在真空中或独立于运动场中的"特殊公民"，而是生活在社会群体中的个体。人通过"文化"体现了他的本质，与动物有了区别。因此，生活在社会群体中的个体必须通过文化改变人，并以各种措施对各种人际关系进行协调，以促进个体和整体生存和发展环境的优化。这是决定运动员发展的一个重要环节。

第三节　高校体育竞技人才培养模式构建

一、高校竞技体育人才培养新模式构建的指导思想

1. 以人为本

培养优秀的体育人才，以人为本是根本保障，它与目前我国高校发展的科学化走向以及学生运动员发展的主体化和个性化趋势是相符的。只有坚持以人为本的科学发展观，从培养理念、培养目标和培养途径等全方位实现创新，高校的体育人才培养才能取得良好的效果。培养我国高校竞技体育人才，贯彻以人为本，需要注意以下两点内容：

一是要把人才的成长放在首位，彻底解决只为提升运动成绩而忽视文化教育的问题，充分挖掘优秀学生运动员的各种潜力，尽可能地满足运动员成长所需的环境，为运动员实现综合文化素质的协调发展和社会适应能力的最大化而努力。

二是要做到加强实践育人，提高学生运动员思想政治教育工作的针对性和实效性，重视他们的全面发展，增强其自信心，满足其成长需要，实现人人成材的目标。

2. 人才需求多元化

随着市场经济的不断发展，社会对人才的价值期望和需求结构也发生了巨大的变化，社会各部门对人才需求呈现多样化的趋势，这就需要人才培养模式也要多元化。高校单一化的人才培养目标早已不能适应社会发展的需要，与多样化的社会需求之间存在着矛盾；为适应社会对人才的多元化需求，高校必须在培养专才的同时，也注重培养复合型人才。所以，我国高校竞技体育人才的培养需要多元化主体的共同参与，如体育部门、学校、企业、社区、俱乐部等。

3. 与时俱进

时代的发展召唤着高校要尽快将社会需要的高技能、高素质人才培养出来。我国高校竞技体育人才培养模式的教育理念应紧跟时代的发展，围绕培养对象、培养目标和培养途径等核心问题不断创新高技能人才培养教育理念。我国高校竞技体育人才培养模式也应与时俱进，培养出三高型竞技体育人才——"高文化、高修养、高技能"。

4. 注重运动员职业生涯发展

在运动员的一生中，运动员只是他们在某个发展阶段的身份，其退役后的去向及发展同样会影响他们的人生。但在我国高校竞技体育人才培养的现实中，更多的是将运动员获得的奖牌数作为衡量学生运动员及其培养单位是否优秀的标准。而对于学生运动员退役后的职业生涯发展并没有过多地关注，以至于他们在退役后从事其他职业的机会较少，这必会制约我国高校竞技体育人才的可持续发展。因此，高校在对学生运动员进行专业技能训练的同时，还要着眼于运动员的未来，要有能够促进运动员长远发展的运作机制，即不断建立并完善相应的服务机制，帮助学生运动员对专业训练与文化知识学习之间的关系进行正确处理，从而将学训矛盾解决好，为运动员退役后的发展做准备。

二、高校竞技体育人才培养新模式构建的要素

1. 培养理念

高校竞技体育人才的培养理念包括以人为本理念，全面发展理念和人文、科学、创新相统一的理念。我国高校竞技体育人才培养理念包括两个层面的教育理念，即中观（培养主体）层面与微观（运动队、运动员个体）层面，这些理念也就是培养主体关于人才培养的本质特征、目标价值、职能任务和活动原则等的理性认识，及对人才培养的理想追求和所形成的各种具体的教育观念。人才培养理念旨在对"高校中的竞技体育人才应该是怎样的及应该如何培养"等问题予以回答。

2. 培养目标

培养目标是人才培养的标准和要求，是人才培养模式构建的核心，对人才培养活动具有调控、规范和导向作用。高校竞技体育人才的培养可朝着以下两个方向的目标发展：

（1）确立全面发展的人才培养目标

衡量优秀运动员的素质及水平时，拥有高水平运动能力或取得出色的运动成绩并不是唯一标准，还要看其是否拥有较高的文化素质和完美的修养和人格。在我国高校竞技体育人才培养过程中，运动员除了要进行运动训练以使自己拥有高水平的运动技能，还必须同时接受文化素质教育，以使最终培养出的体育人才既具有高水平的运动技能，又具有良好的科学文化素质和人文素养。在运动员的就业指导上坚持"授人以渔，而非授人以鱼"，使他们能够在运动生涯结束后在其他领域发挥自己的价值，获得良好的发展。

（2）确立多渠道、多样化的多元人才培养目标

在政府支持、学校领导重视的情况下，我国高校竞技体育人才培养的运作机制得以顺利实施，但无法真正发挥社会体育资源的作用和价值。随着我国市场经济体制的逐步完善以及高校竞技体育的发展，必须打破较为单一的人才培养方式。近几年，"清华模式""北理工模式""南体模式"等的成功范例证实了我国高校多样化、多元化培养竞技体育人才的可行性。除了体育部门和企业与高校联合培养竞技体育人才，体育俱乐部可以看作是立足于学校体育教育基础上的青少年体育运动发展的初级阶段，通过与高校的密切合作，可为高校的体育人才提供各种机会，让他们参与一切体育健身活动。我国广泛开展社区体育活动为体育运动

的普及打下了良好的基础，同时也为高校运动员的发展提供了优质的"土壤"。因此，我国应采用多种渠道，综合高校、企业、俱乐部、社区等多种机构的优势资源来培养高校竞技体育人才。

（3）培养过程

培养过程是培养理念的重要组成部分，是实现培养目标的过程，是为实现一定的人才培养目标而实施的一系列人才培养活动的过程。具体来说，培养过程就是培养方式与培养措施的有机结合。高校竞技体育人才的培养过程是为实现竞技体育人才培养目标、按照一定的竞技体育人才培养规律和培养要求而制订的一系列人才培养规划和计划，以及采取的一系列途径、方法手段的总称，是对培养方案的具体实践。各个高校应在培养人才的过程中遵循以人为本和全面发展的总体原则，从高校培养竞技体育人才的现实情况出发，对相应的调整方案进行制订，将多渠道、多方面的力量调动起来，做好高校基地多元化培养工作。

（4）培养制度

制度即人们要共同遵守的规章或准则。人才培养之所以能够持续长久，是因为相关规章制度可以规范人才培养的活动，只有将人才培养制度化，人才培养模式才能够有机形成和发展。高校基地多元化培养模式要想长期稳定地发展，并在实践中持续发挥作用，就必须制定相应的培养制度，具体如下：

第一，从宏观、中观、微观等角度完善体育竞赛体制，落实高校竞赛制度。

第二，制定教练员定期培训政策。

第三，设立高校高水平体育人才奖学金制度等。

（5）评价机制

在高校竞技体育人才培养的整个过程中都贯穿着评价环节，它通过收集人才培养过程中各方面的信息，依据一定的标准对人才培养的质量与效益，运用评价技术，做出客观衡量和科学判断，并严格监控培养目标、培养制度、培养过程，以便及时做出调整。

对高校竞技体育人才培养质量进行评价，可以从校内和校外两个方面进行，校内评价侧重于高校人才培养目标的实现程度，校外评价（社会评价）侧重于人才培养是否与社会发展大环境的需要相符。在人才培养评价过程中，要将二者有机结合起来，通过社会评价来使学校评价中的不足得到弥补。高校基地多元化人才的培养是一项系统工程，要充分发挥学校内部的教育评价机制以及社会评估的合力作用，就要通过改革教育评价机制和建立社会评估制度，加强科学督导，保证多元化人才的培养质量。

三、高校竞技体育人才培养新模式的理论模型构建

1.我国高校竞技体育人才培养新模式的提出

在实践中，我国高校竞技体育人才培养模式多种多样，究其原因在于各高校所拥有的资源不同，具体操作也表现各异。同时由于受财力、重视程度等诸多因素的影响，一些高校缺乏对运动队相关人员的合理奖惩体制与机制，因此无法充分调动学生运动员和教练员的训练积极性，高校竞技体育人才培养之路任重道远。

我国培养竞技体育人才基本上依赖体育系统。当前我国竞技体育的发展理念和模式发生了转变，教育资源和以职业体育俱乐部为主的其他社会体育资源使社会高度关注竞技体育的发展，这积极推动了竞技体育人才的培养，也是高校提出竞技体育人才多元化培养模式的现实基础。现阶段，高校竞技体育人才培养模式已经从过去由体育资源独家包办的单一发展格局，逐步转变为由以教育资源为主，体育资源、企业、俱乐部等资源为辅的其他体育社会团体等多家参与的多元化格局，即高校基地多元化培养模式。该模式具有以下几个特征：

首先，强调学校教育对于高校竞技体育人才的关键作用，创新人才培养模式，使学校在培养体育人才过程中起主要作用，充分利用学校资源，进行科学的训练，不断提高训练水平，同时加大文化教育的力度，以促进高校培养高质量的竞技体育人才。

其次，在有关企业和职业体育俱乐部中加强对竞技体育人才培养的投入力度，并发挥其对学生运动员未来职业转化的启蒙作用。

最后，结合、整合各方面的资源，实现双赢、共赢乃至多赢的目标。

2.高校基地多元化培养模式的构建

高校基地多元化培养模式是有关学者在现阶段关于高校培养高水平竞技体育人才的理论尝试，它是在结合"体教结合模式""一条龙模式""校企结合模式"等模式的特点，并将各方面资源因素综合起来的基础上建立的，是新形势下培养全面发展的竞技体育人才的新尝试。高校基地多元化培养模式是以高校为基地，横向可与体育系统、社会企事业单位等合作，纵向可与中小学衔接（纵向向上还可延伸到研究生教育阶段），是一种能全方位、全系统培养高文化、高修养（素质）、高技能的竞技体育人才的新模式。

（1）高校基地多元化培养模式构建的主要要素

①培养理念

该模式以高校这一教育资源为根本基地培养竞技体育人才，结合多个体育相关部门，整合社会上有利于培养竞技体育人才的各种资源，一切为运动员全面长期发展的利益着想，以培养出符合时代发展的新型竞技体育人才。

②培养目标

该模式使运动员既具备高水平的竞技体育水平又有基本的高等教育文化知识和素养，以高校教育资源为主体，综合社会上可以利用的相关体育资源、社会资源、市场资源等，培养多样化发展的竞技体育人才。

③培养过程

在该模式中，由于国家政策的引导，普通高等院校开设学生需要普及学习的文化课程，体育俱乐部等体育系统部门为运动员提供科学的训练计划并加以合理的、系统的训练，此外，企业等社会资源为学生运动员参加比赛提供一定的经费保障，全面营造有助于学生运动员成长和发展的学习、训练环境。

④培养制度

该模式采用多元化的方式，综合现阶段施行的有借鉴价值的多种培养模式完善相关培养体制与机制，以不断促进我国高校体育事业可持续健康发展。

（2）高校基地多元化培养模式的结构分析

从具体构成方面来说，高校基地模式可以简化为"1+X"模式。下面主要从中（宏）观层次与微观层次上解析这一模式。

①中（宏）观层次

从中（宏）观层次来讲，"1"是指高校，全面发展的竞技体育人才的培养离不开具有浓厚文化学习氛围的高校，除了要提升运动技能，文化水平的提高也必不可少；"X"是指有助于竞技体育水平提高的众多体育资源和社会资源，包括体育部门、企业、俱乐部、社区等，这些组织与高校的合作可以弥补高校在体育设施、训练、经费等方面的不足，用以培养全面发展的竞技体育人才。

②微观层次

从微观层次来讲，"1"是指运动员的文化专业，高校竞技体育人才不仅要具备相应的竞技水平，更应注重文化素质水平的提高，以防止出现运动员退役后就业困难和社会地位较低的情况；"X"是指运动员的体育专项技能、素质和素养。作为高校的一名学生，其第二身份是运动员，竞技体育水平代表其作为运动员的基本能力，在自己的体育专项中，保持较高层次的运动水平是基础，同时还必须具备一定的品质、教养和个人修养，即实现"三高型"人才培养目标。

第四节　高校体育文化与竞技体育的互动

一、学校竞技体育与校园体育文化在物质层面上的互动发展

（一）学校竞技体育的开展促进了校园体育物质文化的发展

1.体育场馆增加了校园体育文化的物质基础

体育场馆设施是学校竞技体育开展的基本保障，没有良好的体育场馆设施，竞技体育活动很难开展。现代运动训练实践表明，先进的训练设施、完善的器械设备、专项化的训练手段都是现代运动训练所必需的，同时也是获取训练效果、保证运动成绩的一个必备条件。因此，学校开展竞技体育首先要考虑训练及竞赛所需的体育场馆设施能否得到良好的供应。

学校体育的发展现状直接从该校的体育设施建设状况中反映出来。近年来，各级学校注重建设体育馆，体育馆的建设需要财力支持，体育馆的增加说明学校非常重视校园体育的发展。体育场馆的增加一方面可以满足学校体育教学的需要，另一方面也能够满足学校体育竞赛发展的需要，同时也是学校树立品牌、提高竞争力的需要。

2.竞技体育的赛场象征性文化促进了校园体育文化的丰富

有这样一种文化现象，它们介于物质文化和非物质文化之间，无法将其准确归入其中一种，如某些团体的旗帜、徽标、口号，某些具有暗示、纪念、象征意义的建筑、工艺及手工制品等，我们将这类文化称为象征性文化。一所学校的体育象征性文化体现着其整体的体育运动形象，这种文化包括了我们所能看到的队旗、徽章、吉祥物、代表色等，还包含了代表队所拥有的昵称、队歌、赛场口号等。学校竞技体育的发展要想创造出自己的品牌，彰显校园体育文化的特色，就必须注重以品牌文化作为自身发展目标的理念，在旗帜、吉祥物等设计方面体现出大学生团结协作、积极进取、敢于创新的精神风貌。

（二）校园体育物质文化为开展学校竞技体育营造氛围

作为校园中的一个个体，学生对校园生活环境必然会有所需求，通常学生的这种心理需求有基础类和高级类两种类型。基础的心理活动包括感知、记忆、认知、判断等，高级的心理活动主要包括个人的心境、情绪、意志、审美等。

在学校各种设施中，图书馆和体育馆一般来说是学生利用率最高的设施。通常学生对于体育场馆最直接的印象就是外观形状，根据调查发现，大部分学生认为学校的体育场馆较普通，没有给他们留下太大的印象；只有少数学生认为本校体育场馆有创意。这说明学校在体育场馆设计方面存在不足，缺乏创意的场馆，不能吸引学生的目光和调动学生的积极性。

体育场馆周围的"拼瓷"运动墙画、竖立在校园里的体育名人雕塑，以及让学生及时了解体育竞赛等信息的海报、宣传栏、电子屏等，这些体育设施不管是其自身内容还是由此延伸出的文化内涵，都可以对学生思想、心理和行为产生一定的影响，具有良好的教育、熏陶和启迪作用。

二、学校竞技体育与校园体育文化在精神层面上的互动发展

（一）学校竞技体育对校园体育精神文化的影响

文化主要分物质文化、精神文化和制度文化三个层次。在这三个层次当中，精神文化是核心，其以价值观为灵魂，而一个人的价值观又是其行为的出发点，行为同样也是价值观的外在体现。由此我们得出，决定人的行为的不是物质文化，也不是制度文化，而是精神文化。

1. 竞技体育的精神价值

学校竞技体育对于学生的教育主要表现在爱国主义、集体主义、体育精神的传播以及学校精神的宣传四个方面，学生对竞技体育的认识水平越高，就越能够为竞技体育活动的开展奠定良好的基础。

在观看大型比赛时，首先会演奏国歌，升国旗，这对于运动员和观众来说都是一次良好的爱国主义教育。学生运动员在这种环境下所受到

的教育意义会更大，尤其是当他们走向世界，在异国他乡的领奖台上奏响国歌，他们的荣誉感与使命感油然而生，培养了学生运动员为国争光的精神，这种精神也会慢慢转移到普通学生身上，他们也为这种体育精神而感到振奋。这种体育精神成为学生不断前进的动力。

2. 竞技体育的人格升华效应

奥林匹克运动中"更快、更高、更强"的格言是运动员体育生涯中不灭的意志，它时刻激励运动员奋发向上、敢于超越，不断追求更高的目标，不断克服艰难险阻，用辛勤的汗水去获取一次次的超越。而这种精神同样时刻熏陶着参与其中的每个人，给人以不抛弃、不放弃的人生启迪。奥林匹克精神是一种相互理解、友谊、团结、公平竞争的精神。学校开展竞技体育对于学生培养健全的人格有重要的作用，学生通过观看高校竞技比赛，用心体会赛场上运动员所体现出的体育精神，不仅能够激发对体育的兴趣，促进人际交流，还能够使其树立新的体育态度，改变其精神面貌，使其心理素质水平不断提高和完善。

（二）校园体育精神文化对学校竞技体育的影响

校园体育精神文化的形成需要经过长时间的酝酿，是在各种条件都具备的情况下慢慢形成的，而且一旦形成将会长时间潜移默化地影响校园的各种事物。精神和思想是人的行为的根本出发点，它的好与不好将直接影响到人这个主体的行为结果。如果校园体育精神文化有良好的建设和发展，那么就说明作为校园主体的人在体育情感、体育观念、体育思想等方面有良好的发展，而且这种精神的直接体现就表现在校园人的行为方面，这所学校的校园体育活动也会有良好的开展。

校园体育精神直接影响校园人的体育价值观、体育思想、体育行为。校园是社会各种人才的聚集地，校园体育能够帮助他们树立正确的体育价值观，尤其是学校的领导，他们的思想及观念将直接对学校体育的发展起主导作用。校园体育精神文化的形成可以使学校领导对学校体育的发展更加重视，学校竞技体育作为校园体育的重要组成部分，必定会受到重视，而且学校竞技体育作为学校体育发展的排头兵，可直接推动整个学校的发展。学校竞技体育的良好发展可以为学校获得荣誉，为学校发展起到积极的推广作用，还可以形成自身的校园特色，为学生的学习生活增色添彩。

三、学校竞技体育与校园体育文化在制度、行为层面的互动发展

（一）学校竞技体育与校园体育制度文化

建立健全校园体育制度非常重要。一方面，它所面对的大都是尚未进入社会的在校学生，一个健全的规章制度可以有效约束学生的个人行为，使其养成规范的个人行为，并且对他们的情感、智力、人生观、价值观等起到很好的指导作用；另一方面，完善校园体育制度文化，可以

使学校的各项体育工作更加具有计划性、合理性，处理和解决问题时能够有规可依，同时可以避免因过分盲目而造成工作效率低下。

我国各高校基本遵守国家下发的成文规章制度，但是部分高校没有根据自身发展现状制定适合自身发展的制度，以确保高校各种体育竞赛工作的有序进行。因此，学校应不断完善校园体育制度，使校园体育向规范化、制度化的方向发展与进步。

（二）学校竞技体育与校园体育行为文化

学校竞技体育通过各种赛事从各方面对校园体育文化的行为产生影响，赛事影响力、运动员的榜样性等都会从不同的细微方面影响校园体育行为。因为学校的高水平运动员代表着学校竞技体育的水平，他们通过自身的行为不断传递和推广学校竞技体育的功能，对校园体育的行为产生直接作用。高水平运动员通过与校园内各个不同群体之间的交流，可以改变一些人的体育观念，提高他们自身的技术水平，使更多的人群参与体育活动，从而对周围人群产生行为上的影响。

四、学校竞技体育与校园体育文化的整体协调发展

学校竞技体育是校园体育的重要组成部分，竞技体育的发展能够促进独具特色的校园体育文化的形成，促进校园体育文化的发展。校园体育文化建设是学校文化建设的重要组成部分，不仅能对学生具有"显性"

教育作用，而且还具有"潜移默化"的"隐性"教育作用。学校竞技体育与校园体育文化两者之间良性的互动、互促，不仅能够促进二者的发展，而且对整个校园文化，对在校的每个学生都有积极作用。学校体育不仅是技能的传授，更重要的是促进学生体育价值观、人生价值观的形成。调查发现，当前我国各级学校竞技体育与校园体育文化之间并没有形成有效的互动关系，这在一定程度上制约了二者的发展。

（一）学校竞技体育对校园体育文化建设的积极影响

围绕学校竞技体育的开展，可通过以下三个方面对校园体育文化建设产生积极影响。

1.学校竞技体育是我国竞技体育未来发展的一个重要趋势

这是一个慢慢转化的过程，竞技体育能在学校中开展，首先就得具备相应的物质条件，这是基础保障，而体育场馆则是这些基础条件中的首要条件。在学校内修建体育场馆设施不仅能够使高水平训练的需要得到满足，而且有利于促进体育教学、体育科研以及课余体育活动的发展，也极大地丰富了校园体育物质基础，美化了校园体育环境。

2.学校竞技体育的开展必须有相关的规章制度

如运动队从招生、训练到比赛都有相应的制度，还有教练员的管理等，这些规章制度对建设和完善校园体育制度文化具有重要的意义。

3.学校竞技体育与学校的一般课余体育不同，它具有学校体育所缺少的特性竞技体育的竞争性很强，在比赛的过程中运动员所表现出来的团结协作、不放弃精神，深深感染身边的观众，使他们养成正确的人生观、价值观，并且在校园内也会形成良好的体育文化氛围。

（二）校园体育文化建设对学校竞技体育发展的积极影响

校园体育文化包含物质文化、精神文化和行为制度文化，校园体育文化的建设主要从这三个方面展开，在建设过程中，它的各个方面都会相应地影响学校竞技体育的发展。

1. 学校体育场馆、设施、体育标识是校园体育物质文化的重要内容

它的发展会对学校竞技体育产生直接影响。其中，体育场馆的构建都受到学校的高度重视，从外观设计到其综合利用价值都会考虑在内，有些学校的场馆建筑已经成为师生津津乐道的标志性建筑物。所有这些物质基础的建设为学校竞技体育的开展提供了基本物质保障。

2. 校园体育制度是校内各种体育行为和体育事务实施和开展的基本准则

相关的体育制度能够对校园内的各种主体行为进行规范和约束，保障各项体育事务有序地进行。学校竞技体育的开展离不开这些体育规章制度，运动员招生、教练员聘用、训练竞赛奖惩等都需要参考相应的规章制度，校园体育制度文化的建设与完善有力地保障了竞技体育在学校的开展。

3. 校园体育精神文化是整个校园文化的核心部分

校园体育精神以体育价值观为灵魂，而体育行为是体育价值观最直接的表现形式。良好的体育精神能够使学生不断受到激励，敢于拼搏，从而培养其团结协作的精神，这对竞技比赛产生了很好的导向作用。

参考文献

[1] 曹宏宏. 高校体育与健康课程教学实践改革研究 [M]. 长春：吉林出版集团股份有限公司，2018.

[2] 曹秀玲，冯晓玲. 我国高校体育公共服务体系构建研究 [M]. 银川：宁夏人民教育出版社，2019.

[3] 高谊. 普通高校体育与健康教程 [M]. 天津：南开大学出版社，2016.

[4] 康丹丹，施悦，马烨军. 高校体育文化建设与大学生体育健康 [M]. 长春：吉林人民出版社，2020.

[5] 孔军. 高校体育与健康 [M]. 武汉：武汉大学出版社，2010.

[6] 李梦龙，任玉嘉. 高校体育教师职业延迟满足研究 [M]. 兰州：兰州大学出版社，2019.

[7] 李鑫，王园悦，秦丽. 体育文化建设与高校体育教学模式研究 [M]. 北京：中国纺织出版社，2019.

[8] 刘青. 新时期高校体育文化构建研究 [M]. 长春：吉林人民出版社，2021.

[9] 马鹏涛．高校体育教学改革创新与科学化训练研究 [M]. 北京：新华出版社，2018.

[10] 施小花．当代高校体育教育理论与发展探究 [M]. 长春：吉林人民出版社，2021.

[11] 孙丽娜．"以人为本"高校体育教育研究 [M]. 天津：天津科学技术出版社，2020.

[12] 田应娟．当代高校体育教学改革创新与发展 [M]. 长春：吉林人民出版社，2021.

[13] 王丹，周岳峰，陈世成．高校体育理论知识与实践研究 [M]. 吉林人民出版社，2021.

[14] 王冬梅．高校体育教育创新发展研究 [M]. 长春：吉林人民出版社，2021.

[15] 王丽丽，许波，李清瑶．教育技术在高校体育教学中的实践探索 [M]. 长春：吉林人民出版社，2021.

[16] 王晓云．新时期高校体育健康课程教学实践优化研究 [M]. 青岛：中国海洋大学出版社，2019.

[17] 魏小芳，丁鼎．高校体育教学管理改革与模式构建探索 [M]. 长春：吉林人民出版社，2022.

[18] 吴广，冯强，冯聪．高校体育管理体制与教学改革研究 [M]. 北京：研究出版社，2020.

[19] 谢宾，王新光，时春梅 . 高校体育教学与运动训练研究 [M]. 长春：吉林人民出版社，2021.

[20] 谢丽娜 . 高校体育风险管理研究 [M]. 长春：吉林人民出版社，2020.

[21] 谢萌 . 高校体育文化教育研究 [M]. 长春：吉林人民出版社，2021.

[22] 谢明 . 高校体育教育理论探索与实务研究 [M]. 长春：吉林人民出版社，2020.

[23] 于海，张宁宁，骆奥 . 高校体育教学与训练实践研究 [M]. 长春：吉林人民出版社，2021.

[24] 张仕德，朱有福，庞春 . 高校体育管理理论与实践研究 [M]. 长春：吉林人民出版社，2021.

[25] 周春娟 . 高校体育教学的影响因素分析与改革探索 [M]. 青岛：中国海洋大学出版社，2018.